UNA
HISTORIA
DE
ESPAÑA

ARTURO
PÉREZ-REVERTE

UNA
HISTORIA
DE
ESPAÑA

ALFAGUARA

Papel certificado por el Forest Stewardship Council®

Primera edición: marzo de 2019
Segunda edición: marzo de 2019
Tercera edición: marzo de 2019
Cuarta edición: abril de 2019
Quinta edición: mayo de 2019
Sexta edición: mayo de 2019
Séptima edición: junio de 2019
Octava edición: julio de 2019
Novena edición: agosto de 2019
Décima edición: septiembre de 2019
Undécima edición: octubre de 2019
Duodécima edición: noviembre de 2019

Printed in Spain – Impreso en España

ISBN: 978-84-204-3817-7
Depósito legal: B-2248-2019

Compuesto en MT Color & Diseño, S. L.
Impreso en Unigraf, Móstoles (Madrid)

AL38177

Penguin
Random House
Grupo Editorial

«Desde siempre, ser lúcido y español aparejó
gran amargura y poca esperanza.»

El capitán Alatriste

A modo de prólogo

El orgullo alcanza entre los iberos grados muy altos. Llevan vida de continuas alarmas y asaltos, arriesgándose en golpes de mano pero no en grandes empresas, pues se niegan a aumentar sus fuerzas uniéndose entre ellos (Estrabón).

Son crueles con los criminales y enemigos, aunque con los forasteros son compasivos y honrados (Diodoro de Sicilia).

De siempre tuvieron los hispanos un espíritu salvaje debido a su absoluta libertad y a su falta de costumbre en recibir órdenes de nadie (Apiano).

Hispania es distinta, más dispuesta para la guerra a causa de lo áspero del terreno y del genio de los hombres (Tito Livio).

Esta Hispania produce los durísimos soldados; ésta, los expertos capitanes; ésta, los fecundísimos oradores; ésta, los clarísimos vates; ésta es madre de jueces y príncipes; ésta dio para el Imperio a Trajano, Adriano y Teodosio (Pacato).

Este reino tan noble, tan rico, tan poderoso, tan honrado, fue derramado y estragado por desavenencia de los de la tierra, que tornaron sus espadas unos contra otros como si les faltasen enemigos (ALFONSO X EL SABIO).

Qué buen vasallo que fuera, si tuviese buen señor (CANTAR DEL CID).

No es bien, señor capitán Cortés, que mujeres españolas dejen a sus maridos yendo a la guerra; donde ellos murieren moriremos nosotras, y es razón que los indios entiendan que son tan valientes los españoles que hasta sus mujeres saben pelear (MARÍA DE ESTRADA).

Todo lo que ha sucedido desde el maravilloso descubrimiento de América ha sido tan extraordinario que la historia parecería increíble a cualquiera que no la haya vivido de primera mano. En verdad, parece ensombrecer todas las acciones de la gente famosa del pasado, sin importar qué tan heroicas éstas hubieran sido, y silenciar toda habla de otras maravillas del mundo (FRAY BARTOLOMÉ DE LAS CASAS).

Sólo los españoles nacen ya armados y listos para pelear (FRANCISCO I DE FRANCIA).

Se les ve expuestos a la injuria de los tiempos, en la miseria; y a pesar de ello, más bravos, soberbios y orgullosos que en la opulencia y la prosperidad (MADAME D'AULNOY).

El español, una vez decidida la estocada que se propone dar, la ejecuta ciegamente aunque así lo hagan pedazos (PIERRE DE BRANTÔME).

Son ejemplo que no parece excepción, pues siendo generalmente de estatura pequeña, la grandeza del corazón es tan grande que les da aliento, de forma que con su propio valor se han hecho dueños del mundo (JUAN PABLO MÁRTIR RIZO).

Mire vuestra excelencia que nada queda fuera de mi alcance, pues para eso me dio Dios diez dedos en las manos y ciento cincuenta españoles (ALONSO DE CONTRERAS).

Nunca nos habíamos enfrentado a un soldado de infantería como el español. No se derrumba, es una roca, no desespera y resiste pacientemente hasta que puede derrotarte (UN OFICIAL SUECO TRAS LA BATALLA DE NÖRDLINGEN).

Allí vive y reina la soberbia con sus aliados: la estimación propia, el desprecio ajeno, el querer mandar y no servir a nadie, el lucir, el alabarse, el hablar mucho, alto y hueco, el brío con presunción. Y todo eso desde el noble al más plebeyo (BALTASAR GRACIÁN).

Aquí mi desdicha, y no mi cobardía, se llevó mis alcanzadas glorias, aquí usó la fortuna conmigo de sus vueltas y revueltas, aquí se oscurecieron mis hazañas, aquí finalmente cayó mi ventura para jamás levantarse (MIGUEL DE CERVANTES).

Los españoles tuvieron una clara superioridad sobre los demás pueblos: su lengua se hablaba en París, en Viena, en Milán, en Turín; sus modas, sus formas de pensar y de escribir subyugaron a las inteligencias italianas, y desde Carlos V hasta el comienzo del reinado de Felipe III España tuvo una consideración de la que carecían los demás pueblos (VOLTAIRE).

España es el único lugar del mundo donde dos y dos no suman cuatro (DUQUE DE WELLINGTON).

Tengo por enemigo a una nación de doce millones de almas, enfurecidas hasta lo indecible (JOSÉ I BONAPARTE).

Los españoles todos se comportaron como un solo hombre de honor. Enfoqué mal ese asunto (NAPOLEÓN BONAPARTE).

Si al menos fueran extranjeros los enemigos de España, todavía. Pero no. Todos los que con la espada, con la pluma, con la palabra, agravan y perpetúan los males de la Nación son españoles (AMADEO DE SABOYA).

La Humanidad debe gratitud eterna a la Monarquía española, pues la multitud de expediciones científicas que ha financiado ha hecho posible la extensión de los conocimientos geográficos (ALEXANDER VON HUMBOLDT).

Quien desee conocer hasta qué punto se puede debilitar y arruinar un gran Estado debe estudiar la historia de España (THOMAS MACAULAY).

En España siempre ha pasado lo mismo: el reaccionario lo ha sido de verdad, el liberal ha sido muchas veces de pacotilla (PÍO BAROJA).

Los españoles están condenados a ir siempre detrás de los curas, o con el cirio o con el garrote (AGUSTÍN DE FOXÁ).

Cuando en España se habla de cosas de honor, un hombre sencillamente honrado tiene que echarse a temblar (MIGUEL DE UNAMUNO).

No hay en la Historia universal obra comparable a la realizada por España (RAMIRO DE MAEZTU).

¡Ay España de mi vida, / ay España de mi muerte! (MIGUEL HERNÁNDEZ).

Los españoles no han cedido nunca una pulgada de terreno. No tengo idea de seres más impávidos. Desafían a la muerte. Extraordinariamente valientes, duros para las privaciones, pero ferozmente indisciplinados (ADOLF HITLER).

Ni aun el peligro de la guerra ha servido de soldador. Al contrario, se ha aprovechado para que cada cual tire por su lado (MANUEL AZAÑA).

Si el lema de «Arriba España» [...] lo hubieran adoptado los del bando de enfrente, el tanto por ciento de sus probabilidades de triunfar hubiera sido, por este simple hecho, infinitamente mayor (GREGORIO MARAÑÓN).

El español que no ha estado en América no sabe qué es España (FEDERICO GARCÍA LORCA).

La rebelión sentimental de las masas, el odio a los mejores, la escasez de éstos. He ahí la raíz verdadera del gran fracaso hispánico (JOSÉ ORTEGA Y GASSET).

La envidia del español no es conseguir un coche como el de su vecino, sino conseguir que el vecino no tenga coche (JULIO CAMBA).

Entonces estuvo nuestra patria a dos pasos de realizar su ideal jurídico: que todos los españoles llevasen en el bolsillo una carta foral con un solo artículo, redactado en estos términos breves, claros y contundentes: «Este español está autorizado para hacer lo que le dé la gana» (ÁNGEL GANIVET).

España es un país formidable, con una historia maravillosa de creación, de innovación, de continuidad de proyecto... Es el país más inteligible de Europa, pero lo que pasa es que la gente se empeña en no entenderlo (JULIÁN MARÍAS).

Este lugar impreciso, mezcla formidable de pueblos, lenguas, historias y sueños traicionados. Ese escenario portentoso y trágico al que llamamos España (ARTURO PÉREZ-REVERTE).

1. Tierra de conejos

Érase una vez una hermosa piel de toro con forma de España llamada *Ishapan,* que significa, o significaba, tierra de conejos —les juro que la palabra significaba eso—, y que estaba habitada por un centenar de tribus, cada una de las cuales tenía su lengua e iba a su rollo. Es más: procuraban destriparse a la menor ocasión, y sólo se unían entre sí para reventar al vecino que era más débil, destacaba por las mejores cosechas o ganados, o tenía las mujeres más guapas, los hombres más apuestos y las chozas más lujosas. Fueras cántabro, astur, bastetano, mastieno, ilergete o lo que se terciara, que te fueran bien las cosas era suficiente para que se juntaran unas cuantas tribus a las que les caías mal y te pasaran por la piedra, o por el bronce, o por el hierro, según la época prehistórica que tocara. Envidia y mala leche eran marca de la tierra ya entonces, cual reflejan los más antiguos textos que nos mencionan. Ishapan, como digo. O sea, esto de aquí. Y el caso era que así, en plan general, toda esa pandilla de animales bípedos, tan prolífica a largo plazo, podía clasificarse en dos grandes grupos étnicos: iberos y celtas. Los primeros eran bajitos, morenos, y tenían más suerte con el sol, las minas, la agricultura, las playas, el turismo fenicio y griego y otros factores económicos interesantes. Los celtas, por su parte, eran rubios, ligeramente más bestias y a menudo más pobres, cosa que resolvían haciendo incursiones en las tierras del sur, más que nada para estrechar lazos con las iberas; que, aunque menos exuberantes que las rubias de arriba, tenían su puntito meridional y su morbo castizo (véase, por ejemplo, la Dama de Elche). Los iberos, claro, solían tomárselo a mal, y a menudo devolvían la visita. Así que cuando no estaban descuartizándose en plan doméstico en su propia casa, iberos y celtas se lo hacían unos a otros, sin complejos ni complejas. Facilitaba mucho el método una espada genuinamente aborigen llamada *falcata,* prodigio de herramienta forjada en hierro —Diodoro de Sicilia la califica de magnífica— que cortaba como hoja de afeitar y, cual era de esperar en manos adecuadas, deparó a iberos, celtas y resto de la peña apasionantes terapias de grupo y bonitos experimentos colectivos de cirugía en vivo y en directo (tiene su premonitorio simbolismo que una de las primeras cosas que griegos y romanos elogiaron de aquí fuera una espada). Ayudaba mucho que, como entonces la Península estaba tan llena de bosques que una ardilla podía recorrerla saltando de árbol en árbol, todas aquellas ruidosas incursiones, destripamientos con falcata y demás actos sociales podían hacerse a la sombra, y eso facilitaba las cosas y las ganas. Animaba mucho. De cualquier modo, hay que reconocer que en el arte de picar carne propia o ajena, tanto iberos como celtas, y luego esos celtíberos resultado de tantas incursiones en plan romántico piel de toro arriba o piel de toro abajo, eran auténticos virtuosos. Feroces y valientes hasta el disparate, la vida propia o ajena les importaba literalmente un carajo. Según los historiadores de entonces, aquellos abuelos nuestros morían matando cuando los derrotaban y cantando cuando los crucificaban, se suicidaban en masa cuando palmaba el jefe de la tribu o perdía su equipo de fútbol, y las señoras, puestas en plan broncas, eran de armas tomar. De manera que, si eras enemigo y caías vivo en sus manos, más te valía no caer. Y si además aquellas angelicales criaturas de ambos sexos acababan de trasegar unas litronas de *caelia,* que era la cerveza de la época, ya ni te cuento. Imaginen los botellones que liaban mis primos. Y primas. Que en lo religioso, por cierto, a falta todavía de monseñores que pastoreasen sus almas prohibiéndoles la coyunda, el preservativo y el aborto, y a falta todavía de teléfono móvil, de *Operación Triunfo* y de *Sálvame* para babear en grupo, rendían culto a los ríos, las montañas, los bosques, la luna y otros etcéteras. Y éste era, siglo arriba o siglo abajo, el panorama de la tierra de conejos cuando, cerca de ochocientos años antes de que el Espíritu Santo en forma de paloma visitara a la Virgen María, unos marinos y mercaderes con cara de pirata, llamados fenicios, llegaron por el Mediterráneo trayendo dos cosas que en España tendrían desigual prestigio y fortuna: el dinero (la que más) y el alfabeto (la que menos). También fueron los fenicios quienes inventaron la burbuja inmobiliaria adquiriendo propiedades en la costa, adelantándose a los jubilados anglosajones y a los simpáticos mafiosos rusos que hoy bailan los pajaritos en Benidorm. Pero de los fenicios, de los griegos y de otra gente parecida hablaremos en un próximo capítulo. O no.

2. Roma nos roba

Como íbamos diciendo, griegos y fenicios se asomaron a las costas de Hispania, echaron un vistazo al personal del interior (si nos vemos ahora como nos vemos, imagínennos entonces en Villailergete del Arévaco, con nuestras boinas, garrotas, falcatas y demás) y dijeron: pues va a ser que no, gracias, nos quedamos aquí en la playa, turisteando con las minas y las factorías comerciales, y lo de dentro que lo colonice mi suegra, si tiene huevos. Y los huevos, o parte, los tuvieron unos fulanos que, en efecto, eran primos de los fenicios —«Venid, que lo tenéis fácil», dijeron éstos aguantándose la risa— y se llamaban cartagineses porque vivían a dos pasos, en Cartago, hoy Túnez o por allí. Y bueno. Llegaron los cartagineses muy sobrados a fundar ciudades: Ibiza, Cartagena y Barcelona (esta última lo fue por Amílcar Barca, creador también de la famosa frase *Roma nos roba*). Hubo, de entrada, un poquito de bronca con algunos caudillos celtíberos llamados Istolacio, Indortes y Orisón, entre otros, que fueron debidamente masacrados y crucificados; entre otras cosas, porque allí cada uno iba a su aire, o se aliaba con los cartagineses el tiempo necesario para reventar a la tribu vecina, y luego si te he visto no me acuerdo (me parece que eso es Polibio quien lo dice). Así que los de Cartago destruyeron unas cuantas ciudades: Belchite, que se llamaba Hélice, y Sagunto, que se llamaba igual que ahora y era próspera que te rilas. La pega estuvo en que Sagunto, antigua colonia griega, también era aliada de los romanos: unos pavos que por aquel entonces —siglo III antes de Cristo, echen cuentas— empezaban a montárselo de gallitos en el Mediterráneo. Y claro. Se lió una pajarraca notable, con guerra y tal. Encima, para agravar la cosa, el hijo de Amílcar, que se llamaba Aníbal y era tuerto, no podía ver a Roma ni por el ojo sano, o sea, ni en fotos, porque de pequeño lo habrían obligado a zamparse *Quo Vadis* en la tele cada Semana Santa, o algo así, y acabó la criatura jurando odio eterno a los romanos. De manera que, tras desparramar Sagunto, reunió un ejército que daba miedo verlo, con númidas, elefantes y crueles catapultas que arrojaban discos de Manolo Escobar. Además, bajo el lema *Vente con Aníbal y verás mundo*, alistó a treinta mil mercenarios celtíberos, cruzó los Alpes (ésa fue la primera mano de obra española cualificada que salió al extranjero) y se paseó por Italia dando estiba a diestro y siniestro. El punto chulo de la cosa es que, gracias al tuerto, nuestros honderos baleares, jinetes y acuchilladores varios, precursores de los tercios de Flandes y de la selección española, participaron en todas las sobas que Aníbal dio a los de Roma en su propia casa, que fueron unas cuantas: Tesino, Trebia, Trasimeno y la final de copa en Cannas, la más vistosa de todas, donde palmaron cincuenta mil enemigos, romano más, romano menos. La faena fue que luego, en vez de seguir todo derecho hasta Roma por la vía Apia y rematar la faena, Aníbal y sus huestes, hispanos incluidos, se quedaron por allí dedicados al vicio, la molicie, las romanas caprichosas, las costumbres licenciosas y otras rimas procelosas. Y mientras ellos hacían el zángano en Italia, un general enemigo llamado Escipión desembarcó astutamente en España a la hora de la siesta, pillándolos por la retaguardia. Luego conquistó Cartagena y acabó poniéndole al tuerto los pavos a la sombra; hasta que éste, retirado al norte de África, fue derrotado en la batalla de Zama, tras la que se suicidó para no caer en manos enemigas, por vergüenza torera, ahorrándose así salir en el telediario con los carpetanos, los cántabros y los mastienos que antes lo aplaudían como locos cuando ganaba batallas, amontonados ahora ante el juzgado —actitudes ambas típicamente celtíberas— llamándolo cobarde y chorizo. El caso es que Cartago quedó hecho una piltrafa, y Roma se calzó Hispania entera. Sin saber, claro, dónde se metía. Porque si la Galia, con todo su postureo irreductible en plan Astérix y Obélix, Julio César la conquistó en nueve años, para España los romanos necesitaron doscientos. Calculen la risa. Y el arte. Pero es normal. Aquí nunca hubo patria, sino jefes (lo dice Plutarco en la biografía de Sertorio). Uno en cada puto pueblo:

Indíbil, Mandonio, Viriato. Y claro. A semejante peña había que ir dándole matarile uno por uno. Y eso, incluso para gente organizada como los romanos, llevaba su tiempo.

3. Rosa, rosae. Hablando latín

Estábamos con Roma. En que Escipión, vencedor de Cartago, una vez hecha la faena, dice a sus colegas generales «Ahí os dejo el pastel», y se vuelve a la madre patria. Y mientras, Hispania, que aún no puede considerarse España pero promete, se convierte, en palabras de no recuerdo qué historiador, en *sepulcro de romanos:* doscientos años para pacificar el paisaje, porque pueblos metidos en bronca tuvimos a punta de pala. El sistema romano era picar carne de forma sistemática: legiones, matanza, crucifixión, esclavos. Lo típico. Lo gestionaban unos tíos llamados pretores, Galba y otros, que eran cínicos y crueles al estilo de los malos de las películas, en plan sheriff de Nottingham, especialistas en engañar a las tribus con pactos que luego no cumplían ni de lejos. El método funcionó lento pero seguro, con altibajos llamados Indíbil, Mandonio y tal. El más altibajo de todos fue Viriato, que dio una caña horrorosa hasta que Roma sobornó a sus capitanes y éstos le dieron matarile. Su tropa, mosqueada, resistió numantina en una ciudad llamada Numancia, que aguantó diez años hasta que el nieto de Escipión acabó tomándola, con gran matanza, suicidio general (eso dicen Floro y Orosio, aunque suena a pegote) y demás. Otro que se puso en plan Viriato fue un romano guapo y listo llamado Sertorio, quien tuvo malos rollos en su tierra, vino aquí, se hizo caudillo en el buen sentido de la palabra, y estuvo dando por saco a sus antiguos compatriotas hasta que éstos, recurriendo al método habitual —la lealtad no era la más acrisolada virtud local—, consiguieron que un antiguo lugarteniente le diera las del pulpo. Y así, entre sublevaciones, matanzas y nuevas sublevaciones, se fue romanizando el asunto. De vez en cuando surgían otras numancias, que eran pasadas por la piedra de amolar sublevatas. Una de las últimas fue Calahorra, que ofreció heroica resistencia popular —de ahí viene el antiguo refrán: *Calahorra, la que no resiste a Roma es zorra*—. Etcétera. La parte buena de todo esto fue que acabó, a la larga, con las pequeñas guerras civiles celtíberas; porque los romanos tenían el buen hábito de engañar, crucificar y esclavizar imparcialmente a unos y a otros, sin casarse ni con su padre. Aun así, cuando se presentaba ocasión, como en la guerra civil que trajeron Julio César y los partidarios de Pompeyo, los hispanos tomaban partido por uno u otro, porque todo pretexto valía para quemar la cosecha o violar a la legítima del vecino, envidiado por tener una cuadriga con mejores caballos, abono en el anfiteatro de Mérida u otros privilegios. El asunto fue que paz, lo que se dice paz, no la hubo hasta que Octavio Augusto, el primer emperador, vino en persona y les partió el espinazo a los últimos irreductibles cántabros, vascones y astures que resistían en plan hecho diferencial, enrocados en la pelliza de pieles y el queso de cabra —a Octavio iban a irle con reivindicaciones autonómicas—. El caso es que a partir de entonces, los romanos llamaron Hispania a Hispania, que ya es llamar desde hace tiempo, dividiéndola en cinco provincias. Explotaban el oro, la plata y la famosa tríada mediterránea: trigo, vino y aceite. Hubo obras públicas, prosperidad y empresas comunes que llenaron el vacío que —véase Plutarco, chico listo— la palabra *patria* había tenido hasta entonces. A la gente la empezó a poner eso de ser romano: las palabras *hispanus sum,* soy hispano, cobraron sentido dentro del *civis roma-*

nus sum general. Las ciudades se convirtieron en focos económicos y culturales, unidos por carreteras tan bien hechas que algunas se conservan hoy. Jóvenes con ganas de aventuras o con ganas de comer empezaron a alistarse como soldados de Roma, y legionarios veteranos obtuvieron tierras y se casaron con hispanas que parían hispanorromanitos con otra mentalidad: gente que sabía declinar *rosa, rosae* y estudiaba para arquitecto de acueductos y cosas así. También por esas fechas llegaron los primeros cristianos; que todavía se dedicaban sólo a lo suyo, que era ir a misa, y no daban la brasa social con el aborto y los bailes pecaminosos, ni arrimaban los rosarios a los ovarios, ni esa clase de cosas que vinieron luego. Prueba de que esto pintaba bien era la peña que nació aquí por esa época: Trajano, Adriano, Teodosio, Séneca, Quintiliano, Columela, Lucano, Marcial... Tres emperadores, un filósofo, un retórico, un experto en agricultura internacional, un poeta épico y un poeta satírico. Entre otros. En cuanto a la lengua, pues oigan. Que veintitantos siglos después el latín sea una lengua muerta es inexacto. Quienes hablamos en castellano, gallego o catalán, aunque no nos demos cuenta, seguimos hablando latín.

4. Roma se va al carajo

Pues aquí estábamos, cuatro o cinco siglos después de Cristo, en plena burbuja inmobiliaria, viviendo como ciudadanos del Imperio romano; que era algo parecido a vivir como obispos pero en laico, disfrutando de calzadas y acueductos, prósperos a tope, con el último modelo de cuadriga aparcado en la puerta, hipotecándonos para ir de vacaciones a las termas o comprar una segunda domus en el litoral de la Bética o la Tarraconense. Viviendo de puta madre. Y con el boom del denario, y la exportación de ánforas de vino, y la agricultura, la ganadería, las minas y el comercio y las bailarinas de Gades todo iba como una traca. Y entonces —en asuntos de Historia todo está inventado hace rato— llegó la crisis. La gente dejó el campo para ir a las ciudades, la metrópoli absorbía cada vez más recursos empobreciendo las provincias, los propietarios se tornaron más ambiciosos y rapaces atrincherados en sus latifundios, los pobres fueron más pobres y los ricos más ricos. Y por si éramos pocos, parió la abuela: nos hicimos cristianos para ir al Cielo. Ahí echaron sus primeros dientes el fanatismo y la intransigencia religiosa que ya no nos abandonarían nunca, y el alto clero hispano empezó a mojar en todas las salsas, incluidas la gran propiedad rural y la política. A todo esto, los antiguos legionarios que habían conquistado el mundo se amariconaron mucho y, en vez de apiolar bárbaros (originalmente, *bárbaro* no significa salvaje, sino extranjero) como era su obligación, se metieron también en política, poniendo y quitando emperadores. Treinta y nueve hubo en medio siglo; y muchos, asesinados por sus colegas. Entonces, para guarnecer las fronteras, el limes del Danubio, el muro de Adriano y sitios así, les dijeron a los bárbaros de enfrente: «Oye, Olaf, quédate tú aquí de guardia con el casco y la lanza que yo voy a Roma a por tabaco». Y Olaf se instaló a este lado de la frontera con la familia, y cuando se vio solo y con lanza llamó a sus compadres Sigerico y Odilón y les dijo: «Venid p'acá, colegas, que estos idiotas nos lo están poniendo a huevo». Y aquí se vinieron todos, afilando el hacha. Y fue lo que se llamaron invasiones bárbaras. Y para más inri (que es una palabra, o abreviatura, romana) dentro de Roma estaban otros inmigrantes, que eran los teutones, partos, pictos, númidas, garamantes y otros fulanos que habían venido como esclavos, por la cara, o voluntarios para hacer los trabajos que a los romanos, ya muy tiquismiquis, les daba pereza hacer; y ahora con la crisis a esos desgraciados no les quedaba otra que meterse a gladiadores —que no tenían seguridad social— y luego rebelarse como Espartaco, o buscarse la vida aún de peor manera. Y a ésos, por si fueran pocos, se les juntaron los romanos de carnet, o sea, las clases media y baja empobrecidas por la crisis económica, enloquecidas por los impuestos de los ministros Montorus Hijoputus de la época, asfixiadas por los latifundistas y acogotadas por los curas que encima prohibían fornicar, último consuelo de los pobres. Así que entre todos empezaron a hacerle la cama al Imperio romano desde fuera y desde dentro, con muchas ganas. Imagínense a la clase política de entonces, más o menos como ahora la chusma dirigente española, con el Imperio-Estado hecho una piltrafa, la corrupción, la mangancia y la vagancia, los senadores Anasagastis y los diputados Rufianes, la peña indignada cuando todavía no se habían puesto de moda las maneras políticamente correctas y todo se arreglaba degollando. Añadan el sálvese quien pueda habitual, y será fácil imaginar cómo aquello crujió por las costuras, acabándose lo de *Para frenar el furor de la guerra, inclinar la cabeza bajo las mismas leyes* (que escribió un tal Prudencio, de nombre adecuado al caso). Las invasiones empezaron en plan serio a principios del siglo v: suevos y vándalos, que eran pueblos germánicos rubios y tal, y alanos, que eran asiáticos, morenos de pelo, y que se habían dado un paseo de veinte pares de narices —calculen, desde Ucrania o por allí— porque habían oído que Hispania era Jauja y había dos tabernas por habitante. El caso es que, uno tras otro, esos bestias liaron la pajarraca saqueando ciudades e iglesias, violando a las respetables matronas que aún fueran respetables y haciendo otras barbaridades, como el sustantivo indica, propias de bárbaros. Con lo que la Hispania civilizada, o lo que quedaba de ella, se fue a tomar por saco. Para frenar a esas tribus, Roma ya no tenía fuerzas propias. Ni ganas. Así que contrató mano de obra temporal para el asunto. Godos, se llamaban. Con nombres raros como Ataúlfo y Turismundo. Y eran otra tribu bárbara, aunque un poquito menos.

5. El puñal del godo

Y fue el caso, o sea, que mientras el Imperio se iba a tomar por saco entre bárbaros por un lado y decadencia romana por otro, y el mundo civilizado se partía en pedazos, en la Hispania ocupada por los visigodos se discutía sobre el trascendental asunto de la Santísima Trinidad. Y es que de entonces (siglo V más o menos) datan ya nuestros primeros pifostios religiosos, que tanto iban a dar de sí en esta tierra antaño fértil en conejos y siempre fértil en fanáticos y gilipollas. Porque los visigodos, llamados por los romanos para controlar esto, eran arrianos. O sea, cristianos convertidos por el obispo hereje Arrio, que negaba que el Padre, el Hijo y el Espíritu Santo tuvieran los mismos galones en la bocamanga; mientras que los nativos de origen romano, católicos obedientes a Roma, sostenían lo de un Dios uno, trino y no hay más que hablar porque lo quemo a usted si me discute. Así prosiguió ese tira y afloja de las dos Hispanias, nosotros y ellos, quien no está conmigo está contra mí, tan español como la tortilla de patatas o el paredón al amanecer, con los obispos de unos y otros comiéndoles la oreja a los reyes godos, que se llamaban Ataúlfo, Teodoredo y otras atrocidades semejantes. Hasta que en tiempos de Leovigildo, arriano como los anteriores, consiguieron que su hijo Hermenegildo se hiciera católico y liaron nuestra primera guerra civil; porque el niñato, con el fanatismo del converso y la desvergüenza del ambicioso, se sublevó contra su papi. Que en líneas generales estaba resultando ser un rey bastante decente y casi había logrado, con mucho esfuerzo y salivilla, unificar de nuevo esta casa de lenocinio, a excepción de las abruptas tierras vascas; donde, justo es reconocerlo históricamente, la peña local seguía enrocada en sus montañas, bosques, levantamiento de piedras e irreductible analfabetismo prerromano. El caso es que al nene Hermenegildo acabó capturándolo su padre Leovigildo y le dio matarile por la que había liado; pero como el progenitor era sagaz y conocía el paño, se quedó con la copla. Esto de una élite dominante arriana y una masa popular católica no va a funcionar, pensó. Con estos súbditos que tengo. Así que cuando estaba recibiendo los óleos llamó a su otro hijo Recaredo (la monarquía goda era electiva, pero se las arreglaron para que el hijo sucediera al padre) y le dijo: Mira, chaval, éste es un país con un alto porcentaje de hijos de puta por metro cuadrado, y su naturaleza se llama guerra civil. Así que hazte católico, pon a los obispos de tu parte y unifica, que algo queda. Si no, esto se va al carajo. Recaredo, mozo espabilado, abjuró del arrianismo, organizó el tercer Concilio de Toledo, dejó que los obispos proclamaran santo y mártir al capullo de su hermano difunto, desaparecieron los libros arrianos —primera quema de libros de nuestra muy inflamable historia— y la Iglesia católica inició su largo y provechoso, para ella, maridaje con el Estado español, o lo que esto fuera entonces; luna de miel que, con altibajos propios de los tiempos revueltos que trajeron los siglos, se prolongaría hasta hace poco en la práctica (confesores del rey, pactos, concordatos) y hasta hoy mismo en las consecuencias. De todas formas, justo es reconocer que cuando los clérigos no andaban metidos en política desarrollaban cosas muy decentes. Llenaron el paisaje de monasterios que fueron focos culturales y de ayuda social, y de sus filas salieron fulanos de alta categoría, como el historiador Paulo Orosio o el obispo Isidoro de Sevilla —San Isidoro para los amigos—, que fue la máxima autoridad intelectual de su tiempo, y en su influyente enciclopedia *Etimologías,* que todavía hoy ofrece una lectura deliciosa, resumió con admirable erudición todo cuanto su gran talento pudo rescatar de las ruinas del Imperio devastado; de la noche que las invasiones bárbaras habían extendido sobre Occidente, y que en Hispania fue especialmente oscura. Con la única luz refugiada en los monasterios, y la influyente Iglesia católica moviendo hilos desde concilios, púlpitos y confesonarios, los reyes posteriores a Recaredo, no precisamente intelectuales, se enzarzaron en una sangrienta lucha por el poder que habría necesitado, para contarla, al Shakespeare que —como tantas otras cosas— en España nunca tuvimos. De los treinta y cinco reyes godos, la mitad palmaron asesinados; así que figúrense ustedes el panorama. Y en eso seguían cuando hacia el año 710, al otro lado del estrecho de Gibraltar, resonó un grito que iba a cambiarlo todo para siempre: *No hay otro Dios que Alá, y Mahoma es su profeta.*

6. Y NOS MOLIERON A PALOS

En el año 711, como dicen esos guasones versos que con tanta precisión clavan nuestra historia: *Vinieron los sarracenos / y nos molieron a palos; / que Dios ayuda a los malos / cuando son más que los buenos.* Suponiendo que a los hispano-visigodos se los pudiera llamar buenos. Porque a ver. De una parte, dando alaridos en plan guerra santa a los infieles, llegaron por el norte de África las tribus árabes adictas al islam, con su entusiasmo calentito, y los bereberes convertidos y empujados por ellos. Para hacerse idea, sitúen en medio un trozo de mar de solo quince kilómetros de anchura y pongan al otro lado una España, Hispania o como quieran llamarla (los musulmanes la llamaban Ispaniya, o Spania), al estilo de la de ahora, pero en plan visigodo, o sea, cuatro millones de cabrones insolidarios y cainitas, cada uno de su padre y de su madre, enfrentados por rivalidades diversas, regidos por reyes que se asesinaban unos a otros y por obispos entrometidos y atentos a su negocio, con unos impuestos horrorosos y un expolio fiscal que habría hecho feliz a cualquier ministro de Hacienda y a sus más infames sicarios. Unos fulanos, en suma, desunidos y bordes, con la mala leche de los viejos hispanorromanos reducidos a clases sociales inferiores, por un lado, y la arrogante barbarie visigoda todavía fresca en su prepotencia de ordeno y mando, por el otro. Añadan el hambre del pueblo, la hipertrofia funcionarial, las ambiciones personales de los condes locales, y también el hecho de que a algún rey de los últimos le gustaban las señoras más de lo prudente —nada nuevo bajo el sol—, y los padres, y tíos, y hermanos de algunas prójimas le tenían al lujurioso monarca unas ganas horrorosas. O eso dicen. De manera que una familia llamada Witiza, y sus compadres, se compincharon con los musulmanes del otro lado, norte de África, que a esas alturas y por el sitio (Mauretania) se llamaban mauras, o moros: nombre absolutamente respetable que han mantenido hasta hoy, y con el que se les conocería en todas las crónicas de historias escritas sobre el particular —y fueron unas cuantas— durante los siguientes trece siglos. Y entre los partidarios de Witiza y un conde visigodo que gobernaba Ceuta le hicieron una cama de cuatro por cuatro al rey de turno, que era un tal Rodrigo, o Roderico para sus íntimos. Y en una circunstancia tan española (para que luego digan que no existimos como tales) que hasta humedece los ojos de emoción reconocernos en eso tantos

28

siglos atrás, prefirieron entregar España al enemigo, y que se fuera todo a tomar por saco, antes que dejar aparte sus odios y rencores personales. Así que, aprovechando —otra coincidencia conmovedora— que el tal Rodrigo estaba ocupado en el norte guerreando contra los vascos, abrieron la puerta de atrás y un jefe musulmán llamado Tariq cruzó el estrecho (la montaña Yebel-Tariq, Gibraltar, le debe el nombre) y desembarcó con sus guerreros, frotándose las manos porque, gobierno y habitantes aparte, la vieja Ispaniya tenía muy buena prensa entre los turistas muslimes: fértil, rica, clima variado, buena comida, señoras guapas, señores guapos y demás. Y encima, con unas carreteras, las antiguas calzadas romanas, que eran estupendas, recorrían el país y facilitaban las cosas para una invasión, nunca mejor dicho, como Dios manda. De manera que cuando el rey Rodrigo llegó a toda candela con su ejército en plan a ver qué diablos está pasando aquí, oigan, le dieron las suyas y las de uno que pasaba por allí. Ocurrió en un sitio del sur llamado La Janda, y allí se fueron al carajo la España cristianovisigoda, la herencia hispanorromana, la religión católica y la madre que las parió. Porque los cretinos de Witiza, el conde de Ceuta y los otros compinches creían que luego los moros iban a volverse a África; pero Tariq y otro fulano que vino con más guerreros, llamado Muza, dijeron: «Nos gusta esto, chavales. Así que nos quedamos, si no tenéis inconveniente». Y la verdad es que inconvenientes hubo pocos. Los españoles de entonces, a impulsos de su natural carácter, adoptaron la actitud que siempre adoptarían en el futuro: no hacer nada por cambiar una situación; pero, cuando alguien la cambia por ellos y la nueva se pone de moda, apuntarse en masa. Lo mismo da que sea el islam, Napoleón, la plaza de Oriente, la democracia, no fumar en los bares, no llamar moros a los moros, o lo que toque. Y siempre, con la estúpida, acrítica, hipócrita, fanática y acomplejada fe del converso. Así que, como era de prever, después de La Janda las conversiones al islam fueron multitudinarias, y en pocos meses España se despertó más musulmana que nadie. Como se veía venir.

7. Un niño pijo de Oriente

Estábamos en que los musulmanes, o sea, los moros, se habían hecho en sólo un par de años con casi toda la España visigoda; y que la peña local, acudiendo como suele en socorro del vencedor, se convirtió en masa, a excepción de una estrecha franja montañosa de la cornisa cantábrica. El resto se adaptó al estilo de vida moruno con facilidad, prueba inequívoca de que los hispanos estaban de la Administración visigoda y de la Iglesia católica hasta el extremo del ciruelo. La lengua árabe sustituyó a la latina, las iglesias se convirtieron en mezquitas, en vez de rezar mirando a Roma se miró a La Meca, que tenía más novedad, y la Hispania de romanos y visigodos empezó a llamarse Al-Andalus ya en monedas acuñadas en el año 716. Calculen cómo fue de rápido el asunto, considerando que, sólo un siglo después de la conquista, un tal Álvaro de Córdoba se quejaba de que los jóvenes mozárabes —cristianos que aún mantenían su fe en zona musulmana— ya no escribían en latín, y en los botellones de entonces, o lo que fuera, decían «Qué fuerte, tía» en lengua morube. El caso fue que, con pasmosa rapidez, los cristianos fueron cada vez menos y los moros más. Cómo se pondría la cosa que, en Roma, el papa de turno emitió decretos censurando a los hispanos o españoles cristianos que entregaban a sus hijas en matrimonio a musulmanes. Pero claro: ponerte estrecho es fácil cuando eres papa, estás en Roma y nombras a tus hijos y sobrinos cardenales y cosas así; pero cuando vives en Córdoba o Toledo y tienes dirigiendo el tráfico y cobrando impuestos a un pavo con turbante y alfanje, las cosas se ven de otra manera. Sobre todo porque ese cuento chino de una Al-Andalus tolerante y feliz, llena de poetas y gente culta, donde se bebía vino, había tolerancia religiosa y las señoras eran más libres que en otras partes, no se lo traga ni el idiota que lo inventó. Porque había de todo. Gente normal, claro. Y también intolerantes hijos de la gran puta. Las mujeres iban con velo y estaban casi tan fastidiadas como ahora; y los fanáticos eran, como siguen siendo, igual de fanáticos, lleven crucifijo o media luna. Lo que, naturalmente, tampoco faltó en aquella España musulmana fue la división y el permanente nosotros y ellos. Al poco tiempo, sin duda contagiados por el clima local, los conquistadores de origen árabe y los de origen bereber ya se daban por saco a cuenta de las tierras a repartir, las riquezas, los esclavos y demás parafernalia. Asomaba de nuevo las orejas la guerra civil que en cuanto pisas España se te mete en la sangre —para entonces ya llevábamos unas cuantas—, cuando ocurrió algo especial: como en los cuentos de hadas, llegó de Oriente un príncipe fugitivo joven, guapo y vacilón. Se llamaba Abderramán, y a su familia le había dado matarile el califa de Damasco. Al llegar aquí, con mucho arte, el chaval se proclamó una especie de rey —emir, era el término técnico— e independizó Al-Andalus del lejano califato de Damasco y luego del de Bagdad, que hasta entonces habían manejado los hilos y recaudado tributos desde lejos. El joven emir nos salió inteligente y culto (de vez en cuando, aunque menos, también nos pasa) y dejó la España musulmana como nueva, poderosa, próspera y chachi. Organizó la primera maquinaria fiscal eficiente de la época y alentó los llamados *viajes del conocimiento,* con los que ulemas, alfaquíes, literatos, científicos y otros sabios viajaban a Damasco, El Cairo y demás ciudades de Oriente para traerse lo más culto de su tiempo. Después, los descendientes de Abderramán, Omeyas de apellido, fueron pasando de emires a califas, hasta que uno de sus consejeros, llamado Almanzor, que era listo y valiente que te rilas, se hizo con el poder y estuvo veinticinco años fastidiando a los reinos cristianos del norte (cómo crecieron éstos desde la franja cantábrica lo contaremos en otro capítulo) en campañas militares o incursiones de verano llamadas aceifas, con saqueos, esclavos y tal, una juerga absoluta, hasta que en la batalla de Calatañazor le salió el cochino mal capado, lo derrotaron y palmó. Con él se perdió un tipo estupendo. Idea de su talante lo da un detalle: fue Almanzor quien acabó de construir la mezquita de Córdoba; que no parece española por el hecho insólito de que, durante doscientos años, los sucesivos gobernantes la construyeron respetando lo hecho por los anteriores; fieles, siempre, al bellísimo estilo original. Cuando lo normal, tratándose de moros o cristianos, y sobre todo de españoles, habría sido que cada uno destruyera lo hecho por el gobierno anterior y le encargara algo nuevo al arquitecto Ahmed Calatrava. O a uno de ésos.

8. Moros y cristianos

Al principio de la España musulmana, los reinos cristianos del norte sólo fueron una nota a pie de página de la historia de Al-Andalus. Las cosas notables ocurrían en tierra de moros, mientras que la cristiandad bastante tenía con sobrevivir, más mal que bien, en las escarpadas montañas asturianas. Todo ese camelo del espíritu de reconquista, el fuego sagrado de la nación hispana, la herencia visigodo-romana y demás parafernalia vino luego, cuando los reinos norteños crecieron y sus reyes y pelotillas cortesanos tuvieron que justificar e inventarse una tradición y hasta una ideología. Pero la realidad era más prosaica. Los cristianos que no tragaban con los muslimes, más bien pocos, se echaron al monte y aguantaron como pudieron, a la española, analfabetos y valientes en plan Curro Jiménez de la época, puteando desde los riscos inaccesibles a los moros del llano. Don Pelayo, por ejemplo, fue seguramente uno de esos bandoleros irreductibles, que en un sitio llamado Covadonga pasó a cuchillo a algún destacamento moro despistado que se metió donde no debía, le colocó hábilmente el mérito a la Virgen y eso lo hizo famoso. Así fue creciendo su vitola y su territorio, imitado por otros jefes dispuestos a no confraternizar con la morisma. El mismo Pelayo, que era asturiano, un tal Íñigo Arista, que era navarro, y otros brutos por el estilo (los suplementos culturales de los diarios no debían de mirarlos mucho, pero manejaban la espada, la maza y el hacha con una eficacia letal) crearon así el embrión de lo que luego fueron reinos serios con más peso y protocolo, y familias que se convirtieron en monarquías hereditarias. Prueba de que al principio la cosa reconquistadora y las palabras nación y patria no estaban claras todavía es que, durante siglos, fueron frecuentes las alianzas y toqueteos entre cristianos y musulmanes, con matrimonios mixtos y enjuagues de conveniencia, hasta el extremo de que muchos reyes y emires de uno y otro bando tuvieron madres musulmanas o cristianas; no esclavas, sino concertadas en matrimonio a cambio de alianzas y ventajas territoriales. Y al final, como entre la etnia gitana, muchos de ellos acabaron llamándose primo, con lo que mucha degollina de esa época quedó casi en familia. Esos primeros tiempos de los reinos cristianos del norte, más que una guerra de recuperación de territorio propiamente dicha, fueron de incursiones mutuas en tierra enemiga, cabalgadas y aceifas de verano en busca de botín, ganado y esclavos (una algara de los moros llegó a saquear Pamplona, reventando, supongo, los Sanfermines ese año). Todo esto fue creando una zona intermedia peligrosa, despoblada, que se extendía hasta el valle del Duero, en la que se produjo un fenómeno curioso, muy parecido a las películas de pioneros norteamericanos en el Oeste: familias de colonos cristianos pobres que, echándole huevos al asunto, se instalaban allí para poblar aquello por su cuenta, defendiéndose de los moros y a veces hasta de los mismos cristianos, y que acababan uniéndose entre sí para protegerse mejor, con sus granjas fortificadas, monasterios y milicias locales; y que, a su heroica, brutal y desesperada manera, empezaron la reconquista sin imaginar que estaban reconquistando nada. En esa frontera dura y peligrosa surgieron también bandas de guerreros cristianos y musulmanes que, entre salteadores y mercenarios, se ponían a sueldo del mejor postor, sin distinción de religión; con lo que se llegó al caso de mesnadas moras que se lo curraban para reyes cristianos y mesnadas cristianas al servicio de moros. Fue una época larga, apasionante, sangrienta y cruel, de la que si fuéramos gringos tendríamos maravillosas películas épicas hechas por John Ford; pero que, siendo españoles como somos, acabó podrida de tópicos baratos y posteriores glorias católico-imperiales. Aunque eso no le quite su interés ni su mérito. También por ese tiempo el emperador Carlomagno, que era francés, quiso quedarse con un trozo suculento de la Península; pero guerrilleros navarros —imagínense a las tiernas criaturas— le dieron las suyas y las de un bombero en Roncesvalles a la retaguardia del ejército gabacho, picándola como una hamburguesa, y Carlomagno tuvo que conformarse con el vasallaje de la actual Cataluña, conocida como Marca Hispánica. También, por aquel entonces, empezó a extenderse desde La Rioja una lengua magnífica que hoy hablan quinientos y pico millones de personas en todo el mundo. Y que ese lugar, cuna del castellano, no esté hoy en Castilla es sólo uno de los muchos enigmas que la peculiar historia de España iba a depararnos en el futuro.

9. UNA FRONTERA DE QUITA Y PON

Estábamos en que la palabra *reconquista* vino luego, a toro pasado, y que los patriohistoriadores dedicados a glorificar el asunto de la empresa común hispánica mintieron como bellacos; así como también mienten, sobre etapas posteriores, ciertos neohistoriadores del ultranacionalismo periférico. En el tiempo que nos ocupa, los enclaves cristianos del norte bastante tenían con arreglárselas para sobrevivir, y no estaban de humor para soñar con recomponer Hispanias perdidas: unos pagaban tributo de vasallaje a los moros de Al-Andalus y todos se lo montaban como podían, a menudo haciéndose la puñeta entre ellos, traicionándose y aliándose con el enemigo, hasta el punto de que los emires musulmanes del sur, dándose con el codo, se decían unos a otros: tranqui, colega Mojamé, colega Abdalá, que no hay color, dejemos que esos cantamañanas se desuellen unos a otros (lo que demuestra, por otra parte, que como profetas los emires tampoco tenían ni puta idea). Cómo estarían de poco claras las cosas reconquistadoras por ese tiempo, que el primer rey cristiano de Pamplona del que se tiene noticia, Íñigo Arista, tenía un hermano carnal llamado Muza que era caudillo moro, y entre los dos le dieron otra soba después de Roncesvalles a Carlomagno; que en sus ambiciones sobre la Península siempre tuvo muy mal fario y se diría que lo hubiese mirado un tuerto. El caso es que así, entre incursiones, guerras y pactos a varias bandas que incluían alianzas y tratados con moros o cristianos, según convenía, poco a poco se fue formando el reino de Navarra, crecido a medida que el califato cordobés y los musulmanes en general pasaban por tiempos —españolísimos, también ellos— de flojera y bronca interna, en un período en el que cada perro se lamía su cipote, dicho en plata, y que acabó llamándose reinos de taifas, con reyezuelos que, como su propio nombre indica, iban a su rollo moruno. Y de ese modo, entre colonos que se la jugaban en tierra de nadie y expediciones militares de unos y otros para saqueo, esclavos y demás parafernalia (eso de saquear, violar y esclavizar era práctica común de la época en todos los bandos y lugares del mundo, aunque ahora suene raro), la frontera cristiana se fue desplazando alternativamente hacia arriba y hacia abajo, pero sobre todo hacia abajo. Sancho III el Mayor, rey navarro, uno de los que le habían puesto a Almanzor los pavos a la sombra, pegó un soberbio braguetazo con la hija del conde de Castilla, que era la soltera más cotizada de entonces, y organizó un reino bastante digno de ese nombre, que al morir dividió entre sus hijos, como prueba de que eso de unificar España y echar de aquí a la mahometana morisma todavía no le pasaba a nadie por la cabeza. Dio Navarra a su hijo García, Castilla a Fernando, Aragón a Ramiro, y a Gonzalo los condados de Sobrarbe y Ribagorza. De esta forma se fue definiendo el asunto: los de Castilla y Aragón tomaron el título de rey, y a partir de entonces pudo hablarse, con más rigor, de reinos cristianos del norte y de Al-Andalus islámico al sur. En cuanto a Cataluña, entonces feudataria de los vecinos reyes francos, fue ensanchándose con gobernantes llamados condes de Barcelona. El primero de ellos que se independizó de los gabachos fue Wifredo, por apodo el Pilós o Velloso, que además de peludo debía de ser piadoso que te rilas, pues llenó el condado de magníficos monasterios. Ciertos historiadores de pesebre presentan ahora al buen Wifredo como primer rey de una supuesta monarquía catalana, pero no dejen que les coman el tarro: reyes en Cataluña con ese nombre no hubo nunca. Ni de coña. Los reyes fueron siempre de Aragón, y la cosa se ligó más tarde, como contaremos cuando toque. De momento eran condes catalanes, a mucha honra. Y punto. Por cierto, hablando de monasterios, dos detalles. Uno, que mientras en el sur morube la cultura era urbana y se centraba en las ciudades, en el norte, donde la gente era más cenutria, se cultivaba en los monasterios, con sus bibliotecas y todo eso. El otro punto es que por ese tiempo la Iglesia católica, que iba adquiriendo grandes posesiones rurales de las que sacaba enormes ingresos, inventó un negocio estupendo que podríamos llamar truco o timo del monje ausente: cuando una aceifa mora asolaba la tierra y saqueaba el correspondiente monasterio, los monjes lo abandonaban una larga temporada para que los colonos que se buscaban la vida en la frontera se instalaran allí y pusieran de nuevo las tierras en valor, cultivándolas. Y cuando la propiedad ya era próspera de nuevo, los monjes reclamaban su derecho y se adueñaban de todo, por la cara.

10. LLEGAN MÁS MOROS

Mientras Al-Andalus se estancaba militarmente, con una sociedad artesana y rural cada vez menos inclinada a las trompetas y fanfarrias bélicas, los reinos cristianos del norte, monarquías jóvenes y ambiciosas, se lo montaban más de chulitos y agresivos, ampliando territorios, estableciendo alianzas y jugándose unos a otros la de Fu-Manchú en aquel tira y afloja que ahora llamamos Reconquista, pero que entonces sólo era buscarse la vida sin miras nacionales. Prueba de que aún no había conciencia moderna de España ni sentimiento patriótico general es que, ya metidos en el siglo XII, Alfonso VII repartió el reino de Castilla —unido entonces a León— entre sus dos hijos, Castilla a uno y León a otro, y que Alfonso I dejó Aragón nada menos que a las órdenes militares. Ese partir reinos en trozos, tan diferente al impulso patriótico cristiano que a los de mi quinta nos vendieron en el cole —y que tan actual sigue siendo en la triste España del siglo XXI—, no era ni es nuevo. Se dio con frecuencia, prueba de que los reyes hispanos y sus niños (añadamos una nobleza tan oportunista, desnaturalizada y guarra como nuestra actual clase política) iban a lo suyo, y lo de la patria unificada tendría que esperar un rato; hasta el punto de que todavía la seguimos esperando, o más bien ya ni se la espera. El ejemplo más bestia de esa falta de propósito común en la España medieval es Fernando I, rey de Castilla, León, Galicia y Portugal, que en el siglo onceno hizo un esfuerzo notable, pero a su muerte lo echó a perder repartiendo el reino entre sus hijos Sancho, Alfonso, García y Urraca, dando lugar a otra de nuestras tradicionales y entrañables guerras civiles, entre hermanos para variar, que tuvo consecuencias en varios sentidos incluido el épico, pues de ahí surgió la figura de Rodrigo Díaz de Vivar, el Cid Campeador, cuya vida quedó contada en una buena película —Charlton Heston y Sophia Loren— que, por supuesto, rodaron los norteamericanos. En esto del Cid, de quien hablaremos con detalle en el siguiente capítulo, conviene precisar que por aquel tiempo, con los moros locales bastante amariconados en la cosa bélica, poco amigos del alfanje y tibios en cuanto a rigor islámico, empezaron a producirse las invasiones de tribus fanáticas y belicosas que venían del norte de África para hacerse cargo del asunto en plan Al Qaida. Fueron, por orden de llegada, los almorávides, los almohades y los benimerines: gente dura, de armas tomar, que sobre todo al principio no se casaba ni con su padre, y que a menudo dio a los monarcas cristianos cera hasta en el carnet de identidad. El caso es que así, poquito a poco, a trancas y barrancas, con altibajos sangrientos, haciéndose pirulas, casándose, aliándose, construyendo cada cual su catedral, matándose entre sí cuando no escabechaban moros, los reyes de Castilla, León, Navarra, Aragón y los condes de Cataluña, cada uno por su cuenta —Portugal iba aún más a su aire—, fueron ampliando territorios a costa de la morisma hispana; que, si bien se defendía como gato panza arriba y traía, como dije, refuerzos norteafricanos para echar una mano —y luego no podía quitárselos de encima—, se replegaba despacio hacia el sur, perdiendo ciudades a chorros. La cosa empezó a estar clara con Fernando III de Castilla y León, pedazo de rey, que tomó a los muslimes Córdoba, Murcia y Jaén, hizo tributario al rey de Granada y, reforzado con tropas de éste conquistó Sevilla, que había sido mora durante quinientos años, y luego Cádiz. Su hijo Alfonso X fue uno de esos reyes que por desgracia no frecuentan nuestra historia: culto, ilustrado, pese a que hizo frente a otra guerra civil —la enésima, y las que vendrían— y a la invasión de los benimerines, tuvo tiempo de componer, u ordenar hacerlo, tres obras fundamentales: la *Historia General de España* (ojo al nombre, ahora que dicen que lo de España es cosa de hace dos días), las *Cantigas* y el *Código de las Siete Partidas*. Por esa época, en Aragón, un rey llamado Ramiro II el Monje, conocedor de la idiosincrasia hispana, sobre todo la de los nobles —los políticos de entonces—, tuvo un detalle simpático: convocó a la nobleza local, los decapitó a todos y con sus cabezas hizo una bonita exposición —hoy lo llamaríamos arte moderno— conocida como la Campana de Huesca. Por esas fechas, un plumilla moro llamado Ibn Said, chico avispado y con buen ojo, escribió una frase sobre los bereberes que no me resisto a reproducir, porque define perfectamente a los españoles musulmanes y cristianos de aquellos siglos turbulentos, y también a buena parte de los de ahora mismo: *Son unos pueblos a los que Dios ha distinguido particularmente con la turbulencia y la ignorancia, y a los que en su totalidad ha marcado con la hostilidad y la violencia.* Tela.

11. Un héroe del siglo XI

Me propongo hablarles ahora del Cid Campeador, en monográfico, porque el personaje es para darle de comer aparte. De él se ha usado y abusado a la hora de hablar de moros, cristianos, Reconquista y tal; y en tiempos de la historiografía franquista fue uno de los elementos simbólicos más sobados por la peña educativa en plan virtudes de la raza ibérica, convirtiéndolo en un patriota reunificador de la España medieval y dispersa, muy en la línea de los tebeos del Capitán Trueno y el Guerrero del Antifaz; hasta el punto de que en mis libros escolares del curso 58-59 figuraban todavía unos versos que cito de memoria: *La hidra roja se muere / de bayonetas cercada / y el Cid, con camisa azul / por el cielo azul cabalga.* Para que se hagan idea. Pero la realidad chachi estuvo lejos de eso. Rodrigo Díaz de Vivar, que así se llamaba el fulano, era un vástago de la nobleza media burgalesa que se crió junto al infante don Sancho, hijo del rey Fernando I de Castilla y León. Está probado que era astuto, valiente, diestro en la guerra y peligroso que te rilas, hasta el extremo de que en su juventud venció en dos épicos combates singulares: uno contra un campeón navarro y otro contra un moro de Medinaceli, y a los dos dio matarle sin despeinarse. En compañía del infante don Sancho participó en la guerra del rey moro de Zaragoza contra el rey cristiano de Aragón —la hueste castellana ayudaba al moro, ojo al dato—; y cuando Fernando I, supongo que bastante chocho en su lecho de muerte, hizo la estupidez de partir el reino entre sus hijos, Rodrigo Díaz participó como alférez abanderado del nuevo rey Sancho I en la guerra civil de éste contra sus hermanos. A Sancho le reventó las asaduras, a traición, un sicario de su hermana Urraca; y otro hermano, Alfonso, acabó haciéndose con el cotarro como Alfonso VI. A éste, según leyenda que no está históricamente probada, Rodrigo Díaz le habría hecho pasar un mal rato al hacerle jurar en público que no tuvo nada que ver en el desparrame de Sancho. Juró el rey de mala gana; pero, siempre según la leyenda, no le perdonó a Rodrigo el mal trago, y a poco lo mandó al destierro. La realidad, sin embargo, fue más prosaica. Y más típicamente española. Por una parte, Rodrigo había dado el pelotazo del siglo al casarse con doña Jimena Díaz, hija y hermana de condes asturianos, que además de guapa estaba podrida de dinero. Por otra parte, era joven, apuesto, valiente y tenía prestigio. Y encima, chulo, con lo que no dejaban de salirle enemigos, más entre los propios cristianos que entre la mahometana morisma. La envidia hispana, ya saben. Nuestra deliciosa naturaleza. Así que la nobleza próxima al rey, los pelotas y otros chupavergas, empezaron a hacerle la cama a Rodrigo aprovechando diversos incidentes bélicos en los que lo acusaban de ir a su rollo y servir a sus propios intereses. Al final, Alfonso VI lo desterró; y el Cid (para entonces los moros ya lo llamaban *Sidi,* que significa señor) se fue a buscarse la vida con una hueste de guerreros fieles, imagínense la catadura de la peña, en plan mercenario. Como para ponerse delante. No llegó a entenderse con los condes de Barcelona, pero sí con el rey moro de Zaragoza, para el que estuvo currando muchos años con éxito, hasta el punto de que derrotó en su nombre al rey moro de Lérida y a los aliados de éste, que eran los catalanes y los aragoneses. Incluso se dio el gustazo de apresar al conde de Barcelona, Berenguer Ramón II, tras darle una amplia mano de hostias en la batalla de Pinar de Tévar. Así estuvo la tira de años, luchando contra moros y contra cristianos en guerras sucias donde todos andaban revueltos, acrecentando su fama y ganando pasta con botines, saqueos y demás; pero siempre, como buen y leal vasallo que era, respetando a su señor natural, el rey Alfonso VI. Y al cabo, cuando la invasión almorávide acogotó a Alfonso VI en Sagrajas, haciéndole comerse una derrota como el sombrero de un picador, el rey se tragó el orgullo y le dijo al Cid: «Oye, Sidi, chaval, échame una mano, que la cosa está chunga». Y éste, que en lo tocante a su rey era un pedazo de pan, campeó por Levante (de paso saqueó La Rioja cristiana, ajustando cuentas con su viejo enemigo el conde García Ordóñez), conquistó Valencia y la defendió a sangre y fuego. Y al fin, en torno a cumplir cincuenta tacos, cinco días antes de la toma de Jerusalén por los cruzados, temido y respetado por moros y cristianos, murió en Valencia de muerte natural el más formidable guerrero que conoció España. Al que van como un guante otros versos que, éstos sí, me gustan porque explican muchas cosas terribles y admirables de nuestra historia: *Por necesidad batallo / y una vez puesto en la silla / se va ensanchando Castilla / delante de mi caballo.*

12. Escabeche en Las Navas

Para el siglo XIII o por ahí, mientras en el norte se asentaban los reinos de Castilla, León, Navarra, Aragón, Portugal y el condado de Cataluña, los moros de Al-Andalus se habían vuelto más bien blanditos, dicho en términos generales: casta funcionarial, recaudadores de impuestos, núcleos urbanos más o menos prósperos, agricultura, ganadería y tal. Gente por lo común pacífica, que ya no pensaba en reunificar los fragmentados reinos islámicos hispanos, y mucho menos en tener problemas con los cada vez más fuertes y arrogantes reinos cristianos. La guerra, para la morisma, era más bien defensiva y si no quedaba otro remedio. La clase dirigente se había tirado a sobar y era incapaz de defender a sus súbditos; pero lo que peor veían los ultrafanáticos religiosos era que los preceptos del Corán se llevaban con bastante relajo: vino, carne de cerdo y poco velo. Todo eso era visto con indignación y cierto cachondeo desde el norte de África, donde alguna gente, menos barnizada por el confort, miraba todavía hacia la Península con ganas de buscarse la vida. De qué van estos mierdas, decían. Que los cristianos se los están comiendo sin pelar, no se respeta el islam y esto es una vergüenza moruna. De manera que, entre los muslimes de aquí, que a veces pedían ayuda para oponerse a los cristianos, y la ambición y el rigor religioso de los del otro lado, se produjeron diversas llegadas a Al-Andalus de tropas frescas, nuevas, con ganas, guerreras como las de antes. Peligrosas que te mueres. Una de estas tribus fue la de los almohades, gente dura de narices, que proclamó la Yihad, la guerra santa —igual el término les suena—, invadió el sur de la vieja Ispaniya y le dio al rey Alfonso VIII de Castilla (otra vez se había dividido el reino entre hijos, para no perder la costumbre, separándose León y Castilla) una paliza de padre y muy señor mío en la batalla de Alarcos, donde al pobre Alfonso lo vistieron de primera comunión. El rey castellano se lo tomó a pecho y no descansó hasta que pudo montarles la recíproca a los moros en Las Navas de Tolosa, que fue un pifostio de mucha trascendencia por varios motivos. En primer lugar, porque allí se frenó aquella oleada de radicalismo guerrero-religioso islámico. En segundo, porque con mucha habilidad el rey castellano logró que el papa lo proclamase cruzada contra los sarracenos, para evitar así que, mientras se enfrentaba a los almohades, los reyes de Navarra y León, que, también para variar, se la tenían jurada al de Castilla, y viceversa, le hicieran la puñeta apuñalándolo por la espalda —allí nadie se fiaba ni de su padre—. En tercer lugar, y lo que es más importante, en Las Navas el bando cristiano, aparte de voluntarios franceses y de duros caballeros de las órdenes militares españolas, estaba milagrosamente formado por tropas castellanas, navarras y aragonesas, puestas de acuerdo por una vez en su puta vida. Milagros de la Historia, oigan. Para no creerlo ni con fotos. Y nada menos que con tres reyes al frente, en un tiempo en el que los reyes se la jugaban en el campo de batalla, y no casándose con lady Di o cayéndose en los escalones del bungalow mientras cazaban elefantes. El caso es que Alfonso VIII se presentó con su tropa de Castilla; Pedro II de Aragón, como buen caballero que era (había heredado de su padre el reino de Aragón, que incluía el condado de Cataluña), fue a socorrerlo con tropas aragonesas y catalanas; y Sancho VII de Navarra, aunque se llevaba fatal con el castellano, acudió con la flor de su caballería. Faltó a la cita el rey de León, Alfonso IX, que se quedó en casa, aprovechando el barullo para quitarle algunos castillos a su colega castellano. El caso es que se juntaron allí, en Las Navas, cerca de Despeñaperros, veintisiete mil cristianos contra sesenta mil moros, y se atizaron de una manera que no está en los mapas. La carnicería fue espantosa. Parafraseando unos versos de Zorrilla —de *La leyenda del Cid,* muy recomendable—, podríamos decir eso de: *Costumbres de aquella era / caballeresca y feroz / cuando degollando al otro / se glorificaba a Dios.* Ganaron los cristianos, pero en el último asalto. Y hubo un momento magnífico cuando, viéndose al filo de la derrota, el rey castellano, desesperado, dijo «aquí morimos todos», picó espuelas y cargó ciegamente contra el enemigo. Con dos cojones. Y los reyes de Aragón y de Navarra, por vergüenza torera y por no dejarlo solo, hicieron lo mismo. Y allá fueron, tres reyes de la vieja Hispania y la futura España, o lo que saliera de aquello, cabalgando unidos por el campo de batalla, seguidos por sus alféreces con las banderas, mientras la exhausta y ensangrentada infantería, enardecida al verlos llegar juntos, gritaba de entusiasmo mientras abría las filas para dejarles paso.

13. DESPERTA, FERRO

En vísperas del siglo XIII, el reino de Aragón se hacía rico, fuerte y poderoso. Petronila (una huerfanita de culebrón casi televisivo, heredera del reino) se había casado y comido perdices con el conde de Barcelona Ramón Berenguer IV; así que en el reinado del hijo de éstos, Alfonso II, quedaron asentados Aragón y Cataluña bajo las cuatro barras de la monarquía aragonesa. Aquella familia tuvo la suerte de parir un fulano fuera de serie: se llamaba Jaime y pasó a la Historia con el apodo de El Conquistador no por las señoras entre las que anduvo, que también —era muy aficionado a intercambiar fluidos—, sino porque triplicó la extensión de su reino. Hombre culto, historiador y poeta, Jaime I dio leña a los moros hasta en el turbante, tomándoles Valencia y las Baleares, y poniendo en el Mediterráneo un ojo de águila militar y comercial que catalanes y aragoneses ya no entornarían durante mucho tiempo. Su hijo Pedro III arrebató Sicilia a los franceses en una guerra que salió bordada: el almirante Roger de Lauria los puso mirando a Triana en una batalla naval —hasta Trafalgar nos quedaban aún seiscientos años de poderío marítimo—, y en el asedio de Gerona los gabachos salieron por pies con epidemia de peste incluida. La expansión mediterránea catalano-aragonesa fue desde entonces imparable, y las barras de Aragón se pasearon de tan triunfal manera por el que pasó a ser Mare Nostrum que hasta el cronista Desclot escribió —en fluida lengua catalana— que incluso *los peces llevan las cuatro barras de la casa de Aragón pintadas en la cola*. Hubo, eso sí, una ocasión de aún mayor grandeza perdida cuando Sancho el Fuerte de Navarra, al palmar, dejó su reino al rey de Aragón. Esto habría cambiado tal vez el eje del poder en la historia futura de España; pero los súbditos no tragaron, subió al trono un sobrino del conde de Champaña, y la historia de la Navarra hispana quedó por tres siglos vinculada a Francia hasta que la conquistó, incorporándola por las bravas a Aragón y Castilla, Fernando el Católico (el guapo que salía en la tele con la serie *Isabel*). Pero el episodio más admirable de toda esta etapa aragonesa y catalana de nuestra peripecia nacional es el de los almogávares, las llamadas compañías catalanas: gente de la que ahora se habla poco, porque no era, ni mucho menos, políticamente correcta. Y su historia es fascinante. Era una tropa de mercenarios, catalanes, aragoneses, navarros, valencianos y mallorquines en su mayor parte, ferozmente curtidos en la guerra contra los moros y en los combates del sur de Italia. Como soldados resultaban temibles, valerosos hasta la locura y despiadados hasta la crueldad. Siempre, incluso cuando servían a monarcas extranjeros, entraban en combate bajo la enseña cuatribarrada del rey de Aragón; y sus gritos de guerra, que ponían la piel de gallina al enemigo, eran *Aragó, Aragó* y *Desperta, ferro:* despierta, hierro. Fueron enviados a Sicilia contra los franceses; y al acabar el desparrame, los mismos que los empleaban les habían cogido tanto miedo que se los traspasaron al emperador de Bizancio para que lo ayudaran a detener a los turcos que empujaban desde Oriente. Y allá fueron, seis mil quinientos tíos con sus mujeres y sus niños, feroces vagabundos sin tierra y con espada. De no figurar en los libros de historia, la cosa sería increíble: letales como guadañas, nada más desembarcar libraron tres batallas sucesivas contra un total de cincuenta mil turcos, haciéndoles escabechina tras escabechina. Y como buenos paisanos nuestros que eran, en los ratos libres se codiciaban las mujeres y el botín, matándose entre ellos. Al final fue su jefe el emperador bizantino quien, acojonado, no viendo manera de quitarse de encima a fulanos tan peligrosos, asesinó a los capitanes durante una cena, el 4 de abril de 1305. Luego mandó un ejército de veintiséis mil bizantinos a exterminar a los supervivientes. Pero, resueltos a no dar gratis el pellejo, aquellos tipos duros decidieron morir matando: oyeron misa, se santiguaron, gritaron *Aragó* y *Desperta, ferro,* e hicieron en los bizantinos una matanza tan horrorosa que, según cuenta el cronista Muntaner, que estaba allí, *no se alzaba mano para herir que no diera en carne.* Después, ya metidos en faena, los almogávares saquearon Grecia de punta a punta, para vengarse. Y cuando no quedó nada por quemar y nadie por matar, fundaron los ducados de Atenas y Neopatria y se instalaron en ellos durante tres generaciones, con las bizantinas y otras señoras, haciendo bizantinitos hasta que, ya más blandos con el tiempo, los cubrió la marea turca que culminaría con la caída de Constantinopla.

14. Convivencia, la justa

En la España cristiana de los siglos XIV y XV, como en la mora (ya sólo había cinco reinos peninsulares: Portugal, Castilla, Navarra, Aragón y Granada), la guerra civil empezaba a ser una costumbre local tan típica como la paella, el flamenco y la mala leche —suponiendo que entonces hubiera paella y flamenco, que no creo—. Las ambiciones y arrogancia de la nobleza, la injerencia del clero en la vida política y social, el bandidaje, las banderías y el acuchillarse por la cara, daban el tono; y tanto Castilla como Aragón, con su Cataluña incluida, iban a conocer en ese período unas broncas civiles de toma pan y moja, que ya contaremos cuando toque; y que, como en episodios anteriores, también habrían proporcionado materia extraordinaria para varias tragedias shakespearianas. Ríanse ustedes de Ricardo III y del resto de la británica tropa. Hay que reconocer, naturalmente, que en todas partes se cocían habas, y que ni italianos ni franceses, por ejemplo, hacían otra cosa. La diferencia era que en la península ibérica, teóricamente, los reinos cristianos tenían un enemigo común, que era el islam. Y viceversa. Pero ya hemos visto que, en la práctica, el rifirrafe de moros y cristianos fue un proceso complicado, hecho de guerras pero también de alianzas, chanchullos y otros pasteleos, y que lo de Reconquista como idea de una España cristiana en plan Santiago, cierra y a por ellos, fue cuajando con el tiempo, más como consecuencia que como intención general de unos reyes que, cada uno por su cuenta, iban a lo suyo, en unos territorios donde, invasiones sarracenas aparte, a aquellas alturas tan de aquí era el moro que rezaba hacia La Meca como el cristiano que oraba en latín. Los nobles, los recaudadores de impuestos y los curas, llevaran tonsura o turbante, eran parecidísimos en un lado y en otro; de manera que a los de abajo, se llamaran Manolo o Mojamé, como ahora en el siglo XXI, siempre los fastidiaban los mismos. En cuanto a lo que algunos afirman de que hubo lugares, sobre todo en zona andalusí, donde las tres culturas —musulmana, cristiana y judía— convivían fructíferamente mezcladas entre sí, con los rabinos, ulemas y clérigos besándose en la boca por la calle, hasta con lengua, más bien resulta un cuento chino. Entre otras cosas porque las nociones de buen rollito, igualdad y convivencia nada tenían que ver entonces con lo que por eso entendemos ahora. La idea de tolerancia, más o menos, era: chaval, si permites que te reviente a impuestos y me pillas de buenas, no te quemo la casa, ni te confisco la cosecha, ni violo a tu señora. Por supuesto, como ocurrió en otros lugares de frontera europeos, la proximidad mestizó costumbres, dando frutos interesantes, y muchos hebreos destacaron como médicos, financieros y recaudadores de impuestos con los reyes morubes; pero de ahí a decir (como Américo Castro, que iba a otro rollo tras la Guerra Civil del 36) que en la Península hubo modelos de convivencia, media un abismo. Moros, cristianos y judíos, según donde estuvieran, vivían acojonados por los que mandaban, cuando no eran ellos; y tanto en la zona musulmana como en la otra hubo estallidos de violento fanatismo contra las minorías religiosas. Sobre todo a partir del siglo XIV, con el creciente radicalismo atizado por la cada vez más arrogante Iglesia católica, las persecuciones contra moros y judíos menudearon en la zona cristiana (hubo un poco en todas partes, pero los navarros se lo curraron con verdadero entusiasmo, asaltando un par de veces la judería de Pamplona y luego arrasando la de Estella, calentados por un cura llamado Oillogoyen, que además de estar como una cabra era un hijo de puta con balcones a la calle). En cualquier caso, antijudaísmo endémico aparte —también los moros daban leña al hebreo—, las tres religiones y sus respectivas manifestaciones sociales coexistieron a menudo en España, pero nunca en plan de igualdad, como afirman ciertos buenistas y muchos cantamañanas. Lo que sí mezcló a la cristiana con otras culturas fueron las conversiones: cuando la cosa era ser bautizado, salir por pies o que te dejaran torrefacto en una hoguera, la peña hacía de tripas corazón y rezaba en latín. De ese modo, familias muy interesantes, tanto hebreas como mahometanas, se pasaron al cristianismo, enriqueciéndolo con el rico bagaje de su cultura original. También intelectuales doctos o apóstoles de la conversión de los infieles estudiaron a fondo el islam y lo que aportaba. Tal fue el caso del brillantísimo Ramón Llull: un niño mallorquín de buena familia al que dio por salvar almas morunas y llegó a escribir en árabe, el tío, mejor que en catalán o en latín. Que ya tiene mérito.

15. Primeras brigadas internacionales

A los incautos que creen que los últimos siglos de la Reconquista fueron de esfuerzo común frente al musulmán hay que decirles que verdes las han segado. Se hubiera acabado antes, de unificar objetivos; pero no fue así. Con los reinos cristianos más o menos consolidados y rentables a esas alturas, y la mayor parte de los moros de España convertidos al tocino o confinados en morerías (en juderías, los hebreos), la cosa consistió ya más bien en una carrera de obstáculos de reyes, nobles y obispos para ver quién se quedaba con más parte del pastel. Que iba siendo sabroso. Como consecuencia, las palabras *guerra* y *civil,* puestas juntas en los libros de historia, te saltan a la cara en cada página. Todo cristo tuvo la suya: Castilla, Aragón, Navarra. Pagaron los de siempre: la carne de lanza y horca, los siervos desgraciados utilizados por unos y otros para las batallas o para pagar impuestos, mientras individuos de la puerca catadura moral, por ejemplo, del condestable Álvaro de Luna, conspiraban, manipulaban a reyes y príncipes y se hacían más ricos que el tío Gilito. El tal condestable, que era el retrato vivo del perfecto cabrón español con mando en plaza, acabó degollado en el cadalso (a veces uno casi lamenta que se hayan perdido ciertas higiénicas costumbres de antaño); pero sólo era uno más, entre tantos —y ahí siguen—. De cualquier modo, puestos a hablar de esos malos de película que aquella época dio a punta de pala, el primer nombre que viene a la memoria es el de Pedro I, conocido por Pedro el Cruel: uno de los más infames —y de ésos hemos tenido unos cuantos— reyes y gobernantes que en España parió madre. Este fulano metió a Castilla en una guerra civil en la que no faltaron ni brigadas internacionales, pues a su favor intervinieron tropas inglesas, nada menos que bajo el mando del legendario Príncipe Negro, mientras que soldados franchutes de la Francia, mandados por el no menos notorio Beltrán Duguesclin, apoyaban a su hermanastro y adversario Enrique de Trastámara. La cosa acabó cuando Enrique le tendió un cuatro (como dicen en México) a Pedro en Montiel, lo cosió personalmente a puñaladas, chas, chas, chas, y a otra cosa, mariposa. Unos años después, y en lo que se refiere a Portugal —del que hablamos poco, pero estaba ahí—, el hijo de ese mismo Enrique II, Juan I de Castilla, casado con una princesa portuguesa heredera del trono, estuvo a punto de dar el campanazo ibérico y unir ambos reinos; pero los portugueses, que iban a su propio rollo y eran muy dueños de ir, eligieron a otro. Entonces, Juan I, que tenía muy mal perder, los atacó en plan gallito con un ejército invasor; aunque le salió el tiro por la culata, pues los abuelos de Pessoa y Saramago le dieron una buena mano de hostias en la batalla de Aljubarrota. Por esas fechas, al otro lado de la Península, el reino de Aragón se convertía en un negocio cada vez más próspero y en una potencia llena de futuro: a Aragón, Cataluña, Valencia y Mallorca se fueron uniendo el Rosellón, Sicilia y Nápoles, con una expansión militar y comercial que abarcaba prácticamente todo el Mediterráneo occidental: los famosos peces con las barras de

Aragón en la cola. Pero el virus de la guerra civil también pegaba fuerte allí, y durante diez largos años aragoneses y catalanes se estuvieron acuchillando por lo de siempre: nobles y alta burguesía —dicho de otro modo, la aristocracia política eterna— diciéndose yo quiero de rey a éste, que me hace ganar más pasta, y tú quieres a ése. Mientras tanto, el reino de Navarra (que incluía una pequeña parte de lo que hoy llamamos País Vasco) también disfrutaba de su propia guerra civil con el asunto del príncipe de Viana y su hermana doña Blanca, que al fin palmaron envenenados, con detalles entrañables que dejan chiquita la serie *Juego de tronos*. Navarra anduvo entre Pinto y Valdemoro, o sea, entre España y Francia, dinastía por aquí y dinastía por allá, hasta que en 1512 Fernando de Aragón la incorporó por las bravas, militarmente, a la corona española. A diferencia de los portugueses en Aljubarrota, los navarros perdieron la guerra y su independencia, aunque al menos salvaron los fueros (todos los estados europeos y del mundo se formaron con aplicación del mismo artículo catorce: si ganas eres independiente; si pierdes, toca joderse). Eso ocurrió hace cinco siglos justos, y significa por tanto que los vascos y navarros, con ganas o sin ellas, son españoles desde hace sólo veinte años menos que, por ejemplo, los granadinos; también, por cierto, incorporados *manu militari* al reino de España, y que, como veremos en el siguiente capítulo, lo son desde 1492.

16. JÓVENES, GUAPOS Y LISTOS

Eran jóvenes, guapos y listos. Me refiero a Isabel de Castilla y Fernando de Aragón, los llamados Reyes Católicos. Sobre todo, listos. Ella era de las que muerden con la boquita cerrada. Lo había demostrado en la guerra contra los partidarios de su sobrina Juana la Beltraneja —apoyada por el rey de Portugal—, a la que repetidas veces le jugó la del chino. Él, por su parte, trayendo en la maleta el fino encaje de bolillos que en el Mediterráneo occidental hacía ya imparable la expansión política, económica y comercial catalano-aragonesa. La alianza de esos dos jovenzuelos, que nos salieron de armas tomar, tiene, naturalmente, puntitos románticos; pero lo que fue, sobre todo, es un matrimonio de conveniencia; una gigantesca operación política que, aunque no fuera tan ambicioso el propósito final, en pocas décadas iba a acabar situando a España como primera potencia mundial, gracias a diversos factores que coincidieron en el espacio y en el tiempo: inteligencia, valor, pragmatismo, tenacidad y mucha suerte; aunque lo de la suerte, con el paso de los años, terminara volviéndose —de tanta como fue— contra el teórico beneficiado. O sea, contra los españoles de a pie. Que, a la larga, de beneficio obtuvimos poco y pagamos, como solemos, los gastos de la verbena. Sin embargo, en aquel final del siglo xv todo era posible. Todo estaba aún por estrenar (como la Guardia Civil, por ejemplo, que tiene su origen remoto en las cuadrillas de la Santa Hermandad, creada entonces para combatir el bandolerismo rural; o la *Gramática castellana* de Antonio de Nebrija, que fue la primera que se hizo en el mundo sobre una lengua vulgar, de uso popular, y a la que aguardaba un espléndido futuro). El caso, volviendo a nuestros jovencitos monarcas, es que, simplificando un poco, podríamos decir que el de Isabel y Fernando fue un matrimonio con separación de bienes. Tú a Boston y yo a California. Ella seguía siendo dueña de Castilla; y él, de Aragón. Los otros bienes, los gananciales, llegaron a partir de ahí, abundantes y en cascada, con un reinado que iba a acabar la Reconquista mediante la toma de Granada, a ensanchar los horizontes de la humanidad con el descubrimiento de América, y a asentarnos, consecuencia de todo aquello, como potencia hegemónica indiscutible en los destinos del mundo durante un siglo y medio. Que tiene tela. Con lo cual resultó que España, ya entendida como nación (con sus zurcidos, sus errores y sus goteras que llegan hasta hoy, incluida la apropiación ideológica y fraudulenta de esa interesante etapa por el franquismo), fue, aunque todavía rudimentario y poco armónico, el primer Estado moderno que se creó en Europa, casi un siglo por delante de los otros. Una Europa a la que no tardarían los peligrosos españoles en tener —permítanme la delicada perífrasis— bien agarrada por los huevos, y cuyos estados se formaron, en buena parte, para defenderse de ellos. Pero eso vino más tarde. Al principio, Isabel y Fernando se dedicaron a romperles el espinazo a los nobles que iban a su rollo, demoliéndoles castillos y dándoles leña hasta en el deneí. En Castilla la cosa funcionó, y aquellos zampabollos y mangantes mal acostumbrados quedaron obedientes y tranquilos como malvas. En el reino de Aragón la cosa fue distinta, pues los privilegios medievales, fueros y toda esa murga tenían mucho arraigo; aparte que el reino era un complicado tira y afloja entre aragoneses, catalanes, mallorquines y valencianos. Todo eso dejó enquistados insolidaridades y problemas que todavía hoy, quinientos años después de ser España, nos cuestan un huevo de la cara. En cualquier caso, lo que surgió de aquello no fue todavía un Estado centralista del todo, sino un equilibrio de poderes territoriales casi federal, mantenido por los Reyes Católicos con mucho sentido común y certeza del mutuo interés en que las cosas funcionaran. Lo del Estado unitario vino después, cuando los Trastámara (la familia de la que procedían Isabel y Fernando, que eran primos) fueron relevados en el trono español por los Habsburgo, y ésos nos metieron en el jardín del centralismo imposible, las guerras europeas, el derroche de la plata americana y el no hay arroz para tanto pollo. En cualquier caso, durante los ciento veinticinco años que incluirían el fascinante siglo XVI que estaba en puertas, transcurridos desde los Reyes Católicos a Felipe II, iba a cuajar lo que para bien y para mal hoy conocemos como España. De ese período provienen buena parte de nuestras luces y sombras: nuestras glorias y nuestras miserias. Sin conocer lo mucho y decisivo que en esos años cruciales ocurrió, es imposible comprender y comprendernos.

17. Más vale el alma que el cuerpo

Estábamos, creo recordar, en que los dos guapitos que a finales del XV reinaban en lo que empezaba a parecer España, Isabel de Castilla y Fernando de Aragón, lo tenían claro en varios órdenes de cosas. Una era que para financiar aquel tinglado hacía falta una pasta horrorosa. Y como los ministros de Hacienda de ahora no habían nacido aún y su descarado sistema de expolio general todavía no estaba operativo, decidieron —lo decidió Isabel, que era un bicho— ingeniar otro sistema para sacar cuartos a la peña por la cara. Y de paso tenerla acojonada, sobre todo allí donde los fueros y otros privilegios locales limitaban el poder real. Ese invento fue el tribunal del Santo Oficio, conocido por el bonito nombre de Inquisición, cuyo primer objetivo fueron los judíos. Éstos tenían dinero porque trabajaban de administradores, recaudaban impuestos, eran médicos prestigiosos, controlaban el comercio caro y prestaban a comisión, como los bancos; o más bien ellos eran los bancos. Así que primero se les sacó tela por las buenas, en plan préstame algo, Ezequiel, que mañana te lo devuelvo; o, para que puedas seguir practicando lo tuyo, Eleazar, págame este impuesto extra y tan amigos. Aparte de ésos estaban los que se habían convertido al cristianismo pero practicaban en familia los ritos de su antigua religión, o los que no. Daba igual. Ser judío o tener antepasados tales te hacía sospechoso. Así que la Inquisición se encargó de aclarar el asunto, primero contra los conversos y luego contra los otros. El truco era simple: judío eliminado o expulsado, bienes confiscados. Calculen cómo rindió el negocio. A eso no fue ajeno el buen pueblo en general; que, alentado por santos clérigos de misa y púlpito, era aficionado a quemar juderías y arrastrar por la calle a los que habían crucificado a Cristo; de quienes, por cierto, todavía uno de mis libros escolares, editado en 1950 *(Imprímase. Lino, obispo de Huesca),* aseguraba que *eran objeto del odio popular por su avaricia y sus crímenes.* Total: que, en vista de que ése era un instrumento formidable de poder y daba muchísimo dinero a las arcas reales y a la santa madre Iglesia, la Inquisición, que había tomado carrerilla, siguió campando a sus anchas incluso después de la expulsión oficial de los judíos en 1492, dedicada ahora a otros menesteres propios de su piadoso ministerio: herejes, blasfemos, sodomitas. Gente perniciosa y tal. Incluso falsificadores de moneda, que tiene guasa. En un país que acabaría en manos de funcionarios —el duro trabajo manual era otra cosa—, y en tales manos sigue, el Santo Oficio era un medio de vida más: innumerables familias y clérigos vivían del sistema. Lo curioso es que, si te fijas, compruebas que Inquisición hubo en todos los países europeos, y que en muchos superó en infamia y brutalidad a la nuestra. Pero la famosa Leyenda Negra alimentada por los enemigos exteriores de España —que acabaría peleando sola contra casi la totalidad del mundo— nos colocó el sambenito de la exclusiva. Hasta en eso nos crecieron los enanos. Leyenda no sin base justificada, pese a lo que afirma alguna historiafóbica reciente que todo se lo perdona, la criatura, a la patria intachable e imperial; porque el Santo Oficio, abolido en todos los países normales en el siglo XVII, existió en España hasta avanzado el XIX, y aún se justificaba en el XX (*Convencidos nuestros Reyes Católicos de que más vale el alma que el cuerpo,* decía ese libro de texto al que antes aludí). De todas formas, el daño causado por la Inquisición, los reyes que con ella se lucraron y la Iglesia que la dirigía, utilizaba e impulsaba, fue más hondo que el horror de las persecuciones, tortura y hogueras. Su omnipresencia y poder envenenaron España con una sucia costumbre de sospechas, delaciones y calumnias que ya no nos abandonaría jamás. Todo el que tenía cuentas que ajustar con un vecino procuraba que éste terminara ante el Santo Oficio. Eso acabó viciando al pueblo español, arruinándolo moralmente, instalándolo en el miedo y la denuncia, del mismo modo que luego ocurrió en la Alemania nazi o en la Rusia comunista, por citar dos ejemplos, y ahora vemos en las sociedades sometidas al islam radical. O, por venir más cerca, a lo nuestro, en algunos lugares, pueblos y comunidades de la España de hoy. Presión social, miedo al entorno, afán por congraciarse con el que manda, y esa expresión que tan bien define a los españoles cuando nos mostramos exaltados en algo a fin de que nadie sospeche lo contrario: *la fe del converso.* Añadámosle la envidia, poderoso sentimiento nacional, como aceituna para el cóctel. Porque buena parte de las ejecuciones y paseos dados en los dos bandos durante la Guerra Civil del 36 al 39 —o los que ahora darían algunos si pudieran— no fueron sino eso: nuestra vieja afición a seguir manteniendo viva la Inquisición por otros medios.

18. Jamón y tocino, obligatorios

La verdad es que aquellos dos chavales, Isabel de Castilla y su consorte, Fernando de Aragón, dieron mucha tela para cortar, y con ella vino el traje que, para lo bueno y lo malo, vestiríamos en los próximos siglos. Por un lado, un oscuro marino llamado Colón le comió la oreja a la reina; y apoyado por algunos monjes de los que habríamos necesitado tener más, de ésos que en vez de quemar judíos y herejes se ocupaban de geografía, astronomía, ciencia y cosas así, consiguió que le pagaran una expedición náutica que acabó descubriendo América para los españoles, de momento, y con el tiempo haría posibles las películas de John Ford, Wall Street, a Bob Dylan y al presidente Kennedy. Mientras, a este lado del charco había dos serios negocios pendientes. Uno era Italia. El reino de Aragón, donde estaba incluida Cataluña, ondeaba su *senyera* de las cuatro barras en el Mediterráneo occidental, con una fuerte presencia militar y comercial que incluía Cerdeña, Sicilia y el sur italiano. Francia, que exigía parte del pastel, merodeaba por la zona y quiso dar el campanazo controlando el reino de Nápoles, regido por un Fernando que, además de tocayo, era primo del rey católico. Pero a los gabachos les salió el cochino mal capado, porque nuestro Fernando, el consorte de Isabelita, era un extraordinario político que hilaba fino en lo diplomático. Y además envió a Italia a Gonzalo Fernández de Córdoba, alias Gran Capitán, que hizo polvo a los malos en varias batallas, utilizando la que sería nuestra imbatible herramienta militar durante siglo y medio: la fiel infantería. Formada en nuevas tácticas con la experiencia de ocho siglos contra el moro, de ella saldrían los temibles tercios, basados en una férrea disciplina en el combate, firmes en la defensa, violentos en la acometida y crueles en el degüello; soldados profesionales a quienes analistas militares de todo pelaje siguen considerando la mejor infantería de la Historia. Pero esa tropa no sólo peleaba en Italia, porque el otro negocio importante para Isabel y Fernando era el extenso reino español de Granada. En ese territorio musulmán, último de la vieja Al-Andalus, se había refugiado buena parte de la inteligencia y el trabajo de todos aquellos lugares conquistados por los reinos cristianos. Era una tierra industriosa, floreciente, rica, que se mantenía a salvo pagando tributos a Castilla con una mano izquierda exquisita para el encaje de bolillos. Las formas y las necesidades inmediatas eran salvadas con campañas de verano, incursiones fronterizas en busca de ganado y esclavos; pero en general se iba manteniendo un provechoso *statu quo,* y la Reconquista —ya se la llamaba así— parecía dormir la siesta. Hasta que al fin las cosas se torcieron gacho, como dicen en México. Toda aquella riqueza era demasiado tentadora, y los cristianos empezaron a pegarle ávidos mordiscos. Como reacción, en Granada se endureció el fanatismo islámico, con mucho *Alá Ajbar* y dura intolerancia hacia los cristianos que allí vivían cautivos; y además —madre del cordero— se dejó de pagar tributos a los reyes cristianos. Todo esto dio a Isabel y Fernando el pretexto ideal para rematar la faena, completado con la metida de pata moruna que fue la toma del castillo fronterizo de Zahara. La campaña fue larga, laboriosa; pero los Reyes Católicos la bordaron de cine, uniendo a la presión militar el fomento interno de —otra más, suma y sigue— una bonita guerra civil sarracena. Al final quedó la ciudad de Granada cercada por los ejércitos cristianos, y con un rey que era, dicho sea de paso, un mantequitas blandas. Boabdil, que así se llamaba el pringado, entregó las llaves el 2 de enero de 1492, fecha que puso fin a ocho siglos de presencia oficial islámica en la Península. O sea, hace cinco siglos y veintisiete años justos. Los granadinos que no quisieron tragar y convertirse fueron a las Alpujarras, donde se les prometió respetar su religión y costumbres; con el valor que, ya mucho antes de que gobernaran Aznar, Zapatero, Rajoy o Sánchez, las promesas tienen en España. A la media hora, como era de esperar, estaban infestadas las Alpujarras de curas predicando la conversión, y al final hubo orden de cristianar por el artículo catorce, obligar a la peña a comer tocino (por eso hay tan buen jamón y embutido en zonas que fueron moriscas) y convertir las mezquitas en iglesias. Total: ocho años después de la toma de Granada, aquí no quedaba oficialmente un musulmán; y, para garantizar el asunto, se encargó a nuestra vieja amiga la Inquisición que velara por ello. La palabra *tolerancia* había desaparecido del mapa, e iba a seguir desaparecida mucho tiempo; hasta el extremo de que incluso ahora, en 2019, resulta difícil encontrarla.

19. Una jugada maestra

Fue a principios del siglo xvi, con España ya unificada territorialmente y con apariencia de Estado más o menos moderno, con América descubierta y una fuerte influencia comercial y militar en Italia, el Mediterráneo y los asuntos de Europa, paradójicamente a punto de ser la potencia mundial más chuleta de Occidente, cuando, pasito a pasito, empezamos a jiñarla. Y en vez de dedicarnos a lo nuestro, a romper el espinazo de nobles —que no pagaban impuestos— y burgueses atrincherados en fueros y privilegios territoriales, y a ligarnos a reinas y reyes portugueses para poner la capital en Lisboa, ser potencia marítima y mirar hacia el Atlántico y América, que eran el futuro, nos enfangamos hasta el pescuezo en futuras guerras de familia y religión europeas donde no se nos había perdido nada y donde íbamos a perderlo todo. Y fue una lástima, porque originalmente la jugada era de campanillas, y además la suerte parecíamos tenerla en el bote. Los Reyes Católicos habían casado a su tercera hija, Juana, nada menos que con Felipe el Hermoso de Austria: un guaperas de poderosa familia que, por desgracia, nos salió un poquito gilipollas. Pero como el príncipe heredero de España, Juan, había palmado joven, y la segunda hija también, resultó que Juana y Felipe consiguieron la corona a la muerte de sus respectivos padres y suegros. Pero lo llevaron mal. Él, como dije, era un cantamañanas que para suerte nuestra murió pronto, con gran alivio de todos menos de su legítima, enamorada hasta las trancas (también estaba como una chota, hasta el punto de que pasó a la Historia como Juana la Loca). El hijo que tuvieron, sin embargo, salió inteligente, eficaz y con un par de huevos. Se llamaba Carlos. Era rubio tirando a pelirrojo, bien educado en Flandes, y heredó el trono de España, por una parte, y el del Imperio alemán por otra; por lo que fue Carlos I de España y V de Alemania. Aquí empezó con mal pie: vino como heredero sin hablar siquiera el castellano, trayéndose a sus compadres y amigos del cole para darles los cargos importantes; con lo que lió un cabreo nobiliario de veinte pares de narices. Además, pasándose por la regia entrepierna los fueros y demás, empezó gobernando con desprecio a los usos locales, ignorando, por joven y pardillo, con quién se jugaba los cuartos. A fin de cuentas, ustedes llevan dieciocho capítulos de esta Historia leídos; pero él no la había leído todavía, y creía que los españoles eran como, por ejemplo, los alemanes: ciudadanos ejemplares, dispuestos a pararse en los semáforos en rojo, marcar el paso de la oca y denunciar al vecino o achicharrar al judío cuando lo estipula la legislación vigente; no cuando, como aquí, a uno le sale de los cojones. Así que imaginen la kaleborroka que se fue organizando;

y más cuando Carlos, que como dije estaba mal acostumbrado y no tenía ni idea de con qué peña lidiaba, exigió a las Cortes una pasta gansa para hacerse coronar emperador. Al fin la consiguió, pero se lió parda. Por un lado fue la sublevación de Castilla, o guerra comunera, donde la gente le echó hígados al asunto hasta que, tras la batalla de Villalar, los jefes fueron decapitados. Por otro, tuvo lugar en el reino de Valencia la insurrección llamada de las germanías: ésa fue más de populacho descontrolado, con excesos anárquicos, saqueos y asesinatos que terminaron, para alivio de los propios valencianos, con la derrota de los rebeldes en Orihuela. De todas formas, Carlos le había visto las orejas al lobo y comprendió que este tinglado había que manejarlo desde dentro y con vaselina, porque el potencial estaba aquí. Así que empezó a españolizarse, a apoyarse en una Castilla que era más dócil y tenía menos humos forales que otras zonas periféricas, y a cogerle el tranquillo, en fin, a este país de hijos de puta. A esas alturas, contando lo de América, que iba creciendo, y también media Italia (la sujetábamos con mano de hierro, teniendo al papa acojonado), con el Mediterráneo occidental y las posesiones del norte de África conquistadas o a punto de conquistarse, el Imperio español incluía Alemania, Austria, Suiza, los Países Bajos, y parte de Francia y de Checoslovaquia. Y a eso iban a añadirse en seguida nuevas tierras con las exploraciones del Pacífico. Resumiendo: estaba a punto de nieve lo de no ponerse el sol en el Imperio hispano. Parecía habernos tocado el gordo de Navidad, y hasta los vascos y los catalanes, como siempre que hay viruta y negocios de por medio, se mostraban encantados de llamarse españoles, hablar castellano y pillar cacho de presente y de futuro. *Benvinguts, Zorionak,* España es cojonuda y todo eso. Con la caja registradora haciendo cling, cling, cling todo el rato. Pero entonces, allá por las norteñas brumas europeas, empezó a sonar el

nombre de un oscuro sacerdote alemán llamado Lutero.
Y se jodió la fiesta.

20. Aquellos admirables animales

Y ahora, ante el episodio más espectacular de nuestra historia, imaginen los motivos. Usted, por ejemplo, es un labriego extremeño, vasco, castellano. De donde sea. Pongamos que se llama Pepe, y que riega con sudor una tierra dura e ingrata de la que saca para malvivir; y eso, además, se lo quitan los ministros Montoros y otros indeseables de la época, los nobles convertidos en sanguijuelas y la Iglesia con sus latifundios, diezmos y primicias. Y usted, como sus padres y abuelos, y también como sus hijos y nietos, sabe que no saldrá de eso en la puñetera vida, y que su destino eterno en esta España miserable será agachar la cabeza ante el recaudador, lamer las botas del noble o besar la mano del cura, que encima le dice a su señora, en el confesonario, cómo se te ocurre hacerle eso a tu marido, que te vas a condenar por pecadora. Cacho zorra. Y nuestro pobre hombre está en ello, cavilando si no será mejor reunir la mala leche propia de su maltratada raza, juntarla con el carácter sobrio, duro y violento que le dejaron ocho siglos de acuchillarse con moros, saquear el palacio del noble, quemar la iglesia con el cura dentro y colgar al recaudador de impuestos y a su puta madre de una encina, y que luego salga el sol por Antequera, o por donde quiera. Y en eso está el paisano, afilando la hoz para segar algo más que trigo, dispuesto a llevárselo todo por delante, cuando llega su primo Manolo y dice: chaval, han descubierto un sitio que llaman las Indias, o América, o como te salga de los huevos porque está sin llamarlo todavía, y dicen que está lleno de oro, plata, tierras nuevas e indias a las que nunca les duele la cabeza. Sólo hay que ir allí y jugársela: o revientas o vuelves millonetis. Y lo de reventar ya lo tienes seguro aquí, así que tú mismo. Vente a Alemania, Pepe. De manera que nuestro hombre dice: pues bueno, pues vale. De perdidos, a las Indias. Y allí desembarcan unos cuantos centenares de Manolos, Pacos, Pepes, Ignacios, Jorges, Santiagos y Vicentes dispuestos a eso: a hacerse ricos a sangre y fuego o a dejarse el pellejo en ello, haciendo lo que le canta el gentil mancebo a don Quijote: *A la guerra me lleva / mi necesidad; / si tuviera dineros, / no fuera, en verdad.* Y esos magníficos animales, duros y crueles como la tierra que los parió, incapaces de tener con el mundo la piedad que éste no tuvo con ellos, desembarcan en playas desconocidas, caminan por selvas hostiles comidos de fiebre, vadean ríos llenos de caimanes, marchan bajo aguaceros, sequías y calores terribles con sus armas y corazas, con sus medallas de santos y escapularios al cuello, sus supersticiones, sus brutalidades, miedos y odios. Y así, pelean con indios, matan, violan, saquean, esclavizan, persiguen la quimera del oro de sus sueños, descubren ciudades, destruyen civilizaciones y pagan el precio que estaban dispuestos a pagar: mueren en pantanos y selvas, son devorados por tribus caníbales o sacrificados en altares de ídolos extraños, pelean solos o en grupo gritando su miedo, su desesperación y su coraje; y en los ratos libres, por no perder la costumbre, se matan unos a otros, navarros contra aragoneses, valencianos contra castellanos, andaluces contra gallegos, maricón el último, llevando a donde van las mismas viejas rencillas, los odios, la violencia, la marca de Caín que todo español lleva en su memoria genética. Y así, Hernán Cortés y su gente conquistan México, y Pizarro el Perú, y Núñez de Balboa llega al Pacífico, y otros muchos se pierden en la selva y en el olvido. Y unos pocos vuelven ricos a su pueblo, viejos y llenos de cicatrices;

pero la mayor parte se queda allí, en el fondo de los ríos, en templos manchados de sangre, en tumbas olvidadas y cubiertas de maleza. Y los que no palman a manos de sus mismos compañeros acaban ejecutados por sublevarse contra el virrey, por ir a su aire, por arrogancia, por ambición; o, tras conquistar imperios, terminan mendigando a la puerta de las iglesias, mientras a las tierras que descubrieron con su sangre y peligros llega ahora desde España una nube parásita de funcionarios reales, de recaudadores, de curas, de explotadores de minas y tierras, de buitres dispuestos a hacerse cargo del asunto. Pero aun así, sin pretenderlo, preñando a las indias y casándose con ellas (en lugar de exterminarlas, como harían los anglosajones en el norte), bautizando a sus hijos y haciéndolos suyos, emparentando con guerreros valientes y fieles que, como los tlaxcaltecas, no los abandonaron en las noches tristes de matanza y derrota, robando, matando y esclavizando, pero también engendrando y construyendo, toda esa panda de admirables hijos de puta crea un mundo nuevo de ciudades y catedrales que ahí siguen hoy, por el que se extiende una lengua poderosa y magnífica llamada castellana, allí española, que hoy hablan quinientos cincuenta millones de personas y de la que el mexicano Octavio Paz, o Carlos Fuentes, o uno de ésos, no recuerdo quién, dijo: *Se llevaron el oro, pero nos trajeron el oro.*

21. SE HABLA CASTELLANO

Fue durante el siglo XVI, con Carlos I de España y V de Alemania, cuando se afirmó la lengua castellana, por ahí afuera llamada española, como lengua chachi del Imperio. Y eso ocurrió de una forma que podríamos llamar natural, porque el concepto de lengua-nación, con sus ventajas y puñetas colaterales incluidas, no surgiría hasta siglos más tarde. Ya Antonio de Nebrija, al publicar su *Gramática* en 1492, había intuido la cosa recordando lo que ocurrió con el latín cuando el Imperio romano; y así fue: tanto en España como en el resto de la Europa que pintaba algo, las más potentes lenguas vernáculas se fueron introduciendo inevitablemente en la literatura, la religión, la administración y la justicia, llevándoselas al huerto no mediante una imposición forzosa —como insisten en afirmar ciertos manipuladores y/o cantamañanas—, sino como consecuencia natural del asunto. Por razones que sólo un idiota no entendería, una lengua de uso general, hablada en todos los territorios de cada país o imperio, facilitaba mucho la vida a los gobernantes y a los gobernados. Esa lengua pudo ser cualquiera de las varias que se hablaban en España, aparte el latín culto (catalán con sus variantes valenciana y balear, galaico-portugués, vascuence y árabe morisco), pero acabó mojándoles la oreja a todas el castellano: nombre por otra parte injusto, pues margina el mayor derecho que a bautizar esa lengua tenían los muy antiguos reinos de León y Aragón. Sin embargo, este fenómeno, atención al dato, no fue sólo español. Ocurrió en todas partes. En el Imperio central europeo, el alemán se calzó al checo. Otra lengua importante, como el neerlandés —culturalmente tan valiosa como el prestigioso y extendido catalán—, acabaría limitada a las futuras provincias independientes que formaron Holanda. Y en Francia e Inglaterra, el inglés y el francés arrinconaron el galés, el irlandés, el bretón, el vasco y el occitano. Todas esas lenguas, como las otras españolas, mantuvieron su uso doméstico, familiar y rural en sus respectivas zonas, mientras que la lengua de uso general, castellana en nuestro caso, se convertía en la de los negocios, el comercio, la administración, la cultura; la que quienes deseaban prosperar, hacer fortuna, instruirse, viajar e intercambiar utilidades adoptaron poco a poco como propia. El inglés de la época. Y conviene señalar aquí, para aviso de mareantes y tontos del ciruelo, que esa elección fue a menudo voluntaria, en un proceso de absoluta naturalidad histórica; por simples *razones de mercado* (como dice el historiador andaluz Antonio Miguel Bernal, y como dejó claro en 1572 el catalán Lluís Pons cuando, al publicar en castellano un libro dedicado a su ciudad natal, Tarragona, afirmó hacerlo por ser esta parla *la más usada en todos los reinos*). Y no está de más recordar que ni siquiera en el siglo XVII, con los intentos de unidad del ministro Olivares, hubo verdadera imposición real y seria del castellano, ni en Cataluña ni en ninguna otra parte. Curiosamente, fue la Iglesia católica de entonces la única institución que aquí, atenta a su negocio, en materia religiosa mantuvo de verdad una actitud de intransigencia frente a las lenguas vernáculas —sin distinguir entre castellano, vasco, gallego o catalán—, ordenando quemar cualquier traducción de la Biblia porque le estropeaba el rentable papel de único intermediario, en plan sacerdote egipcio, entre los textos sagrados y el pueblo; que cuanto más analfabeto y acrítico, mejor (y aquí seguimos, disfrutando de la herencia). En realidad, la única prohibición verdadera de hablar una lengua vernácula española afectó a los moriscos; mientras que, ya en 1531, Inglaterra había prohibido el gaélico en la justicia y otros actos oficiales, y un decreto de 1539 hizo oficial el francés en Francia, marginando lo otro. En España, sin embargo, nada hubo de eso: el latín siguió siendo lengua culta y científica, mientras impresores, funcionarios, diplomáticos, escritores y cuantos querían buscarse la vida en los vastos territorios del Imperio optaron por la útil lengua castellana. La *Gramática* de Nebrija, dando solidez y sistema a una de las lenguas hispanas (quizá el catalán sería hoy la principal, de haber tenido un Antoni Nebrijet que le madrugara al otro), consiguió lo que en Alemania haría la Biblia traducida por Lutero al alemán, o en Italia el toscano usado por Dante en *La Divina Comedia* como base del italiano de ahora. Y la hegemonía militar y política que a esas alturas había alcanzado España no hizo sino reforzar el prestigio del castellano: Europa se llenó de libros impresos en español, los ejércitos usaron palabras nuestras como base de su lengua franca, y el salto de toda esa potencia cultural a los territorios recién conquistados en América convirtió al castellano, por simple justicia histórica, en lengua universal. Y las que no, pues oigan. Mala suerte. Pues no.

22. Cuando hacíamos temblar a Europa

Pues ahí estábamos, con el mundo por montera o más bien siendo montera del mundo: la España de Carlos V, con dos cojones, un pie en América, otro en el Pacífico, lo de en medio en Europa y allá a su frente Estambul, o sea, el Imperio turco, con el que andábamos a bofetadas en el Mediterráneo un día sí y otro también, porque con sus piratas y sus corsarios del norte de África y su expansión por los Balcanes era la única potencia de categoría que nos miraba de cerca, y no compares nivel, Maribel. Los demás estaban achantados, incluido el papa de Roma, al que le íbamos recortando los poderes temporales en Italia una cosa mala y nos tenía unas ganas tremendas, pero no le quedaba otra que tragar bilis y esperar tiempos mejores. Por aquella época, con eso de la expansión española, el Imperio que crecía en América y las nuevas tierras descubiertas por la expedición de Magallanes y Elcano al dar la vuelta al mundo, los españoles teníamos la posibilidad, en vez de malgastar nuestra mala baba congénita en destriparnos entre vecinos, de volcarla por ahí afuera, conquistando cosas, dando por saco y yendo como nos gusta, de nuevos ricos y sobrados por encima de nuestras posibilidades: *Yo no sé de dónde saca / pa' tanto como destaca,* que luego dijo la zarzuela, o la copla, o lo que fuera. Y claro, la peña nos odiaba como es de imaginar; porque guapos no sé, pero oro y plata de las Indias, chulería y ejércitos imbatidos y temibles —aquellos tercios viejos— teníamos para dar a todos las suyas y las del pulpo; y quien tenía algo que perder buscaba congraciarse con esos animales morenos, bajitos, crueles y arrogantes que tenían al orbe agarrado por la entrepierna, haciendo realidad lo que luego resumió algún poeta de cuyo nombre no me acuerdo: *Y simples soldados rasos, / en portentosa campaña, / llevaron el sol de España / desde el oriente al ocaso.* Porque háganse idea: sólo en Europa, teníamos la península ibérica (Portugal estaba a punto de nieve, porque Carlos V, encima, se casó con una princesa de allí que se rompía de lo guapa que era), Cerdeña, Nápoles y Sicilia, por abajo; y por arriba, ojo al dato, el Milanesado, el Franco-Condado —que era un trozo de la actual Francia—, media Suiza, las actuales Bélgica, Holanda, Alemania y Austria, Polonia casi hasta Cracovia, los Balcanes hasta Croacia y un cacho de Checoslovaquia y Hungría. Así que calculen con qué ojos nos miraba la peña, y qué ganas tenían todos de que nos agacháramos a coger el jabón en la ducha. El que peor nos miraba, turcos aparte (hasta con ellos pactó para hacernos la cama, el muy cabrón), era el rey de Francia, un posturitas en plan quiero y no puedo llamado Francisco I, cursi, guaperas y divino de la muerte, con mucho quesquesevú y mucho quesquesesá. Y François, que así se llamaba el pavo en gabacho, le tenía a nuestro emperata Carlos una envidia horrorosa, comprensible por otra parte, y estuvo dando la barrila con territorios por aquí e Italia por allá, hasta que el ejército español —es un decir, porque allí había de todo— le dio una estiba horrorosa en la batalla de Pavía, con el detalle de que el rey franchute cayó en manos de una compañía de arcabuceros vascos a los que tuvo que rendirse, imaginen el diálogo, *errenditú barrabillak* (o te rindes o te corto los huevos, en traducción libre: de Hernani era el energúmeno que le puso la espada en el pescuezo), y el monarca parpadeando desconcertado, preguntándose a quién carajo se estaba rindiendo y si se habría equivocado de guerra. Al fin se rindió, qué remedio, y acabó prisionero en Madrid, en la torre de los Lujanes, justo al lado de la casa donde hoy vive Javier Marías. Pero bonito, lo que se dice bonito, y que también pasó en Italia, fue lo del papa: éste se llamaba Clemente VII, y podríamos resumirlo psicológicamente diciendo que era un hijo de la gran puta con hilo musical y ventanas a la plaza de San Pedro, traidor y tacaño, dado a compadrear con Francia y a mojar en toda conspiración contra España. Pero le salió el cochino mal capado, porque en 1527, por razones que ustedes pueden encontrar detalladas en los libros de historia o en Google —véase *Saco de Roma*—, el ejército imperial (seis mil españoles que imagínenselos, diez mil alemanes puestos de cerveza hasta las trancas y marcando el paso de la oca, dos mil flamencos y otros tantos italianos hablando con su *mamma* por teléfono) tomó por asalto las murallas de Roma, hizo cuarenta mil muertos sin despeinarse y saqueó la ciudad durante meses. Y no colgaron al papa de una farola porque el vicario de Cristo, remangándose la sotana, corrió a refugiarse en el castillo de Sant'Angelo. Lo que, la verdad, no deja de tener su morbo. Su puntito.

23. Protestan los protestantes

Llegados a este punto de la cosa, con Carlos V como monarca y emperador más poderoso de su tiempo, calculen ustedes las dimensiones del marrón: el mundo dominado por España, cuyo manejo recaía en la habilidad del gobernante, en el oro y la plata que empezaban a llegar de América y en la impresionante máquina militar puesta en pie por ocho siglos de experiencia bélica contra el moro, las guerras contra piratas berberiscos y turcos y las guerras de Italia. Todo eso, más la chulería natural de los españoles que se pavoneaban pisando callos sin pedir perdón, suscitaba mal rollo incluso entre los aliados y parientes del emperador; con el resultado de que los enemigos de España se multiplicaban como tertulianos de radio y televisión. Vino entonces a éstos —a los enemigos, no a los tertulianos—, como caído del cielo, un monje alemán llamado Lutero que había leído mucho a Erasmo de Rotterdam —el intelectual más influyente del siglo XVI— y que empezó a dar por saco publicando noventa y cinco tesis que ponían a parir las golferías y venalidades de la Iglesia católica presidida por el papa de Roma. La cosa prendió, el tal Lutero no se echó atrás aunque se jugaba el pescuezo, se montó el pifostio que hoy conocemos como Reforma protestante, y un montón de príncipes y gobernantes alemanes, a los que les iban bien ahí arriba los negocios y el comercio, vieron en el asunto luterano una manera estupenda de sacudirse la obediencia a Roma y, sobre todo, al emperador Carlos, que a su juicio mandaba demasiado. De paso, además, al crear iglesias nacionales se forraban incautándose de los bienes de la Iglesia católica, que no eran granito de anís. Entonces formaron lo que se llamó Liga de Esmalcalda, que lió una pajarraca bélico-revolucionaria de aquí te espero; que al principio ganó Carlos cuando la batalla de Mühlberg, pero luego se le

71

fue complicando, de manera que en otra batalla, la de Innsbruck (que ahora es una estación de esquí cojonuda), tuvo que salir por pies cuando lo traicionó su hasta entonces compadre Mauricio de Sajonia. Y claro. Al fin, cuarenta agotadores años de guerras contra el protestante y el turco, de sobresaltos y traiciones, de mantener en equilibrio una docena de platillos chinos diferentes, minaron la voluntad del emperador (era demasiado peso, como dijo Porthos en la gruta de Locmaría). Así que, cediendo el trono de Alemania a su hermano Fernando, y España, Nápoles, los Países Bajos y las posesiones americanas a su hijo Felipe, el fulano más valeroso e interesante que ocupó un trono español se retiraba a leer a Proust o a uno de ésos al monasterio extremeño de Yuste, donde murió un par de años después, en 1558. La pega es que nos dejaba metidos en un empeño cuyas consecuencias, a la larga, resultarían gravísimas para España; hasta el punto de que todavía hoy pagamos las consecuencias. Primero, porque nos distrajo de los asuntos nacionales cuando los reinos hispánicos no habían logrado aún el encaje perfecto del Estado moderno que se veía venir. Por otra parte, las obligaciones imperiales nos metieron en jardines europeos que poco nos importaban, y por ellos quemamos las riquezas americanas, nos endeudamos con los banqueros de toda Europa y malgastamos las fuerzas en batallas lejanas que se llevaron mucha juventud, mucho tesón y mucho talento que habría ido bien aplicar a otras cosas, y que al cabo nos desangraron como a gorrinos. Pero lo más grave fue que la reacción contra el protestantismo, la Contrarreforma impulsada a partir de entonces por el Concilio de Trento, aplastó al movimiento erasmista español: a los mejores intelectuales —como los hermanos Valdés, o Luis Vives—, en buena parte eclesiásticos que podríamos llamar progresistas, que fueron abrumados por el sector menos humanista y más reaccionario de la Iglesia triunfante, con la Inquisición como herramienta. Con el resultado de que en Trento los españoles metimos la pata hasta el corvejón. O, mejor dicho, nos equivocamos de Dios: en vez de uno con visión de futuro que bendijese la prosperidad, la cultura, el trabajo y el comercio —cosa que hicieron los países del norte, y ahí los tienen hoy—, los españoles optamos por otro Dios con olor a sacristía, fanático, oscuro y reaccionario, al que, en ciertos aspectos, sufrimos todavía. El que, imponiendo sumisión desde púlpitos y confesonarios, nos hundió en el atraso, la barbarie y la pereza. El que para los cuatro siglos siguientes concedió pretextos y agua bendita a quienes, a menudo bajo palio, machacaron la inteligencia, cebaron los patíbulos, llenaron de tumbas las cunetas y cementerios e hicieron imposible la libertad.

24. El rey funcionario

Y ya estamos aquí con Felipe II en persona, oigan, heredero del Imperio donde no se ponía el sol: monarca siniestro para unos y estupendo para otros, según se mire la cosa; aunque, puestos a ser objetivos, o intentarlo, hay que reconocer que la Leyenda Negra, alimentada por los muchos a quienes la poderosa España daba por saco a diestro y siniestro, se cebó en él como si el resto de gobernantes europeos, desde la zorra pelirroja que gobernaba Inglaterra —Isabel I se llamaba, y nos tenía unas ganas horrorosas— hasta los protestantes, el rey gabacho Enrique II, el papa de Roma y demás elementos de cuidado, fuesen monjas de clausura. Aun así, con sus defectos, que fueron innumerables, y sus virtudes, que no fueron pocas, el pobre Felipe, casero, prudente, más bien tímido, marido y padre con poca suerte, heredero de medio mundo en una época en que no había Internet, ni teléfono, ni siquiera un servicio postal como Dios manda, hizo lo que pudo para gobernar aquel tinglado internacional que, como a cualquiera en su caso, le venía grande. Y la verdad (dicha en descargo del fulano) es que lo de ganarse el jornal de rey se le complicó de un modo peliagudo durante sus largos cuarenta y dos años de reinado. Para ser pacífico, como era de natural, el tío anduvo de bronca en bronca. Guerras a lo bestia, para que se hagan ustedes idea, las tuvo con Francia, con Su Santidad, con los Países Bajos, con los moriscos de las Alpujarras, con los ingleses, con los turcos y con la madre que lo parió. Todo eso, sin contar disgustos familiares, matrimonios pintorescos —se casó cuatro veces, con cuatro mujeres, incluida una inglesa más rara que un perro verde—, un hijo, el infante don Carlos, que le salió majareta y conspirador, y un secretario golfo llamado Antonio Pérez que le jugó la del chino. Y encima, para un golpe bueno de verdad que tuvo, que fue heredar Portugal entero (como ya dije, su madre, la guapísima Isabel, era princesa de allí) tras hacer picadillo a los discrepantes en la batalla de Alcántara, Felipe II cometió, si me permiten una opinión personal e intransferible, uno de los mayores errores históricos de este putiferio secular donde malvivimos: en vez de llevarse la capital a Lisboa —antigua y señorial— y dedicarse a cantar fados mirando al Atlántico y a las posesiones de América, que eran el espléndido futuro (calculen lo que sumaron el Imperio español y el portugués juntos en una misma monarquía), nuestro timorato monarca se enrocó en el centro de la Península, en su monasterio-residencia de El Escorial, gastándose el dineral que venía de las posesiones ultramarinas hispanolusas, además de los impuestos con los que sangraba a Castilla en las contiendas antes citadas (Aragón, Cataluña y Valencia, enrocados en sus fueros, no soltaban un duro para guerras ni para nada), y en pasear a sus embajadores vestidos de negro, arrogantes y soberbios, por una Europa a la que con nuestros tercios, nuestros aliados, nuestras estampitas de Vírgenes y santos, nuestra chulería y tal, seguíamos teniendo acojonada. Con lo que, para resumir el asunto, Felipe II nos salió buen funcionario, diestro en papeleo, y en lo personal un pavo con no pocas virtudes: meapilas pero culto, sobrio y poco amigo de lujos personales. Es instructivo visitar la modesta habitación de El Escorial donde vivía y despachaba personalmente los asuntos de su inmenso imperio. Pero el marrón que le cayó encima superaba sus fuerzas y habilidad, así que demasiado hizo, el chaval, con ir tirando como pudo. De las guerras, que como dije fueron muchas, inútiles, variadas y emocionantes como finales de liga, hablaremos en el siguiente capítulo. Del resto, lo más destacado es que si como funcionario Felipe era pasable, como economista y administrador fue para correrlo a gorrazos. Aparte de fundirse la viruta colonial en pólvora y arcabuces, nos endeudó hasta el prepucio con banqueros alemanes y genoveses. Hubo tres bancarrotas que dejaron España a punto de caramelo para el desastre económico y social del siglo siguiente. Y mientras la nobleza y el clero, veteranos surfistas sobre cualquier ola, gozaban de exención fiscal por la cara, la necesidad de dinero era tanta que se empezaron a vender títulos nobiliarios, cargos y toda clase de beneficios a quien podía pagarlos. Con el detalle de que los compradores, a su vez, los parcelaban y revendían para resarcirse. De manera que, poco a poco, entre el rey y la peña que de él medraba fueron montando un sistema nacional de robo y papeleo, o de papeleo para justificar el robo, origen de la infame burocracia que todavía hoy, casi cinco siglos después, nos sigue apretando el cogote.

25. A bofetadas con medio mundo

Habíamos dejado, creo recordar, a la España de Felipe II en guerra contra medio mundo y dueña del otro medio. Y en este punto conviene considerar la poca vista que los españoles hemos tenido siempre a la hora de buscar enemigos, o encontrarlos; con el resultado de que, habiendo sido todos los pueblos de la Historia exactamente igual de hijos de su pinche madre (lo mismo en el siglo XVI como ahora en la Europa comunitaria), la mayor parte de las leyendas negras nos las comimos y nos las seguimos comiendo nosotros. Felipe II, por ejemplo, que aunque aburrido y meapilas hasta lo patológico era un chico eficaz y un competente funcionario, no mandó al cadalso a más gente de la que despacharon por el artículo catorce los luteranos, o Calvino, o el Gran Turco, o los gabachos durante la noche de San Bartolomé; o en Inglaterra María Tudor (*Bloody Mary*, de ahí viene), que se cargó a cuantos protestantes pudo, o Isabel I, que aparte de piratear con muy poca vergüenza y llevarse al catre a conspicuos delincuentes de los mares —hoy héroes nacionales allí— mandó matar de católicos lo que no está escrito. Sin embargo, todos esos bonitos currículums quedaron en segundo plano; porque cuanto la Historia retuvo de ese siglo fue lo malos y chuletas que éramos los españoles, con nuestra Inquisición (como si los demás no la tuvieran), y nuestras colonias americanas (que los otros procuraban arrebatarnos), y nuestros tercios disciplinados, mortíferos y todavía imbatibles (que todos procuraban imitar). Pero eso es lo que pasa cuando, como fue el caso de la siempre torpe España, en vez de procurar hacerte buena propaganda escribiendo libros diciendo lo guapo y estupendo que eres y lo mucho que te quieren todos, eres tan gilipollas que dejas que los libros los escriban e impriman otros; y encima, que ya es el colmo, te enemistas con los tres o cuatro países donde el arte de imprimir está más desarrollado en el mundo y donde no tienen a un obispo encima de la chepa diciéndoles lo que pueden y lo que no pueden publicar. El caso es que así fuimos comiéndonos marrón histórico tras marrón, aunque justo es reconocer que mucha fama la ganamos a pulso gracias a esta mezcla de vanidad, incultura, mala leche, violencia y fanatismo que nos meneaba y que aún colea hoy; aunque ahora el fanatismo —lo otro sigue igual— sea más de fútbol, demagogia política y nacionalismo miserable, centralista o autonómico, que de púlpitos y escapularios. Y, en fin, de toda esa leyenda negra en general, buena parte de la que surgió en el XVI se la debemos a Flandes (hoy Bélgica, Holanda y Luxemburgo), donde nuestro muy piadoso rey Felipe metió la pata hasta la ingle: *No quiero ser rey de herejes* —dijo, o algo así—, *aunque pierda todos mis estados.* Y claro. Los perdió y de paso nos perdió a todos, porque Flandes fue una sangría de dinero y vidas que nos domiciliaría durante siglo y pico en la calle de la Amargura. Los de allí no querían pagar impuestos (*España nos roba,* quizá les suene); y en vez de advertir que el futuro y la modernidad iban por ese lado, el rey prudente, que ahí lo fue poco, puso la oreja más cerca de los confesores que de los economistas. Además, a él que era pacato, soso, más aburrido y sin sustancia que una novela de la escritora mexicana Margo Glantz, los de por allí le caían mal, con sus kermeses, sus risas, sus jarras de cerveza y sus flamencas rubias y tetonas. Así que cuando asaltaron unas iglesias y negaron la virginidad de María, mandó al duque de Alba con los tercios —*Son como máquinas con el diablo dentro,* escribiría Goethe—, y ajustició rebeldes de quinientos en quinientos, incluidos los nobles Egmont y Horn, con la poca mano izquierda de convertirlos en mártires de la causa. Y así, tras una represión brutal de la que en Flandes todavía se acuerdan, hubo una serie de idas y venidas, de manejos que alternaron el palo con la zanahoria y acabaron separando los estados del norte en la nueva Holanda calvinista, por una parte, y en Bélgica por la otra, donde los católicos prefirieron seguir leales al rey de España, y lo fueron durante mucho tiempo. De cualquier modo, nuestro enlutado monarca, encerrado en su pétreo Escorial, nunca entendió a sus súbditos lejanos, ni lo intentó siquiera. Ahí se explican muchos males de la España de entonces y de la futura, cuya clave quizá esté en la muy española carta que el loco y criminal conquistador Lope de Aguirre le dirigió a Felipe II poco antes de morir ejecutado: *Mira que no puedes llevar con título de rey justo ningún interés destas partes donde no aventuraste nada, sin que primero los que en esta tierra han trabajado y sudado sean gratificados.*

26. Turcos, ingleses y demás canalla

Habíamos quedado en que el burocrático Felipe II, asesorado por su confesor de plantilla, prefirió ser defensor de la verdadera religión, como se decía entonces, que de la España que tenía entre manos; y en vez de ocuparse de lo que debía, que era meter a sus súbditos en el tren de la modernidad que ya pitaba en el horizonte, se dedicó a intentar que ese tren descarrilara, tanto fuera como dentro. Dicho en corto, no comprendió el futuro. Tampoco comprendió que los habitantes de unas islas que estaban en el noroeste de Europa, llamadas británicas, gente hecha a pelear con la arrogancia desesperada que les daba la certeza histórica de su soledad frente a todos los enemigos, formaban parte de ese futuro; y que durante varios siglos iban a convertirse en la pesadilla constante del Imperio hispano —la famosa pesadilla que se muerde la cola—. A diferencia de España, que pese a sus inmensas posesiones ultramarinas nunca se tomó en serio el mar como camino de comercio, guerra y poder, y cuando quiso tomárselo se lo estropeó ella misma con su corrupción, su desidia y su incompetencia, los ingleses —como los holandeses, por su parte— entendieron pronto que una flota adecuada y marinos eficaces eran la herramienta perfecta para extenderse por el mundo. Y como el mundo en ese momento era de los españoles, el choque de intereses estaba asegurado. América fue escenario principal de esa confrontación; y así, con guerras y piraterías, los marinos ingleses se pusieron a la faena depredadora, forrándose a nuestra costa. Esos y otros asuntos decidieron a Felipe II a lanzar una expedición de castigo que se llamó Empresa de Inglaterra y que los ingleses, en plan de cachondeo, apodaron la Invencible: una flota de invasión que debía derrotar a la de allí, desembarcar en sus costas, hacer picadillo a los leales a Isabel I (para entonces los ingleses ya no eran católicos, sino anglicanos) y poner las cosas en su sitio. Prueba de que siempre hemos sido iguales es que, a fin de que los diversos capitanes —que iban cada cual a lo suyo— obedecieran a un mando único, se puso al frente del asunto al duque de Medina Sidonia, que no tenía ni puta idea de tácticas navales pero era duque. Así que imaginen el pastel. Y el resultado. La cosa era, sobre todo, conseguir el abordaje, donde la infantería española, peleando en el cuerpo a cuerpo, era todavía imbatible; pero los ingleses, que maniobraban de maravilla, se mantuvieron lejos, usando la artillería sin permitir que los nuestros se arrimaran. Aparte de eso, los rubios apelaron todo el rato a una palabra (apenas pronunciada en España, donde tiene mala prensa) que se llama *patriotismo*, y que les sería muy útil en el futuro, tanto contra Napoleón, como contra Hitler, como contra todo cristo; mientras que a los españoles nos sirve poco más que para fusilarnos unos a otros con las habituales ganas. El caso es que los súbditos de Su Graciosa resistieron como gatos panza arriba, y además tuvieron la suerte de que un mal tiempo asqueroso dejara a la flota española hecha una piltrafa. Donde sí hubo más suerte fue en el Mediterráneo, con los turcos. El Imperio otomano estaba de un chulo insoportable. Sus piratas y corsarios (ayudados por Francia, a la que inflábamos a hostias un día sí y otro también, y por eso nunca perdía ocasión de hacernos la puñeta) daban por saco en todas partes, dificultando la navegación y el comercio. Así que se formó una coalición entre España, Venecia y los Estados Pontificios; y la flota resultante, mandada por el hermano del rey Felipe, don Juan de Austria, libró en el golfo de Lepanto, hoy Grecia, la batalla que en nuestra iconografía bélica supone lo que para los ingleses Trafalgar o Waterloo, para los gabachos Austerlitz y para los ruskis Stalingrado. Lo de Lepanto, eso sí, fue a nuestro estilo: la víspera, aparte de rezos y misas para asegurar la protección divina, Felipe II aconsejó a su hermano que, entre los soldados y marineros de su escuadra, *los que sean cogidos por sodomíticos, instantáneamente sean quemados en la primera tierra que se pueda*. Pero Juan de Austria, que tenía otras preocupaciones, pasó del asunto. En cualquier caso, Lepanto fue la de Dios. En un choque sangriento, la infantería española, sodomitas incluidos, se batió ese día con su habitual ferocidad, machacando a los turcos en *la más alta ocasión que vieron los siglos*. El autor de esa frase fue uno de aquellos duros soldados, que combatió en un puesto de gran peligro y resultó herido grave. Se llamaba Miguel de Cervantes Saavedra, y años después escribiría la novela más genial e importante del mundo. Sin embargo, hasta el día de su muerte, su mayor orgullo fue haber peleado en Lepanto.

27. Oro, poco; y plata, la justa

Nos habíamos quedado con Cervantes manco. Y fue ahí, en el paso del siglo XVI al XVII, cuando España, dueña del mundo pero casi empezando a dejar de serlo, dio lo mejor que ha dado de sí: la cultura. Aquel tiempo, asombroso en lo diplomático y lo militar, lo fue todavía mucho más en algo que, a diferencia del oro de América, las posesiones europeas y ultramarinas, la chulería de los viejos tercios, conservamos todavía como un tesoro magnífico, inagotable, a disposición de cualquiera que desee disfrutarlo. Aquella España que equivalía en cuanto a poder e influencia a lo que hoy son los Estados Unidos, la potencia que dictaba las modas y el tono de la alta cultura en toda Europa, la nación (ya se llamaba así, aunque no con el sentido actual) que saqueaba, compraba o generaba cuanto de bello y eficaz destacaba en ese tiempo, parió o contrató a los mejores pintores, escultores y arquitectos, y arropó con el aplauso de los monarcas y del público a artistas y literatos españoles cuyos nombres se agolpan hoy, de modo abrumador, en la parte luminosa de nuestra por lo demás poco feliz historia. Aunque es cierto que la sobada expresión *siglo de oro* resulta inexacta (de oro vimos poco; y de plata, la justa), pues todo se iba en guerras exteriores, fasto de reyes y holganza de nobles y clérigos, sería injusto no reconocer que en las artes y las letras —siempre que no topasen con la religión y la Inquisición que las pastoreaba— la España de los Austrias resultó espléndida. En lo tocante a ciencia y pensamiento moderno, sin embargo, las cosas fueron menos simpáticas. El peso de la Iglesia y su resistencia a cuanto vulnerase la ortodoxia cerró infinitas puertas y aplastó —cuando no achicharró— innumerables talentos. Y así, la España que un siglo antes era el más admirable lugar de Europa fue quedando al margen del progreso intelectual y científico. Felipe II prohibió que los estudiantes españoles se formaran en otros países —calculen el desastre—, y el *obstat* eclesiástico cerró la puerta a libros impresos fuera. Mucho antes, nada menos que en 1523, Luis Vives, que veía venir la tostada, había escrito: *Ya nadie podrá cultivar las buenas letras en España sin que al punto se descubra en él un cúmulo de herejías, errores y taras judaicas. Esto ha impuesto silencio a los doctos.* El lastre del fanatismo religioso, la hipocresía social con que los poderes remojados en agua bendita (llámense islam radical, judaísmo ultra o ultracatolicismo) envenenan cuanto se pone a tiro, se manifestó también entonces en las artes plásticas, pintura y escultura. A diferencia de sus colegas franceses o italianos, los pintores españoles o a sueldo de España se dedicaron a pintar Vírgenes, Cristos, santos y monjes a lo Zurbarán y Ribera (salvo alguna espléndida transgresión como la *Venus* de Velázquez o la *Dánae* de Tiziano), y sólo el talento de los más astutos hizo posible que, camufladas entre lienzos de simbología católica y Nuevo Testamento, Vírgenes dolorosas, Magdalenas penitentes y demás temas gratos al confesor del rey, despuntaran segundas lecturas para observadores perspicaces; consiguiendo a veces el talento del artista plasmar en Vírgenes y santas, con pretexto del éxtasis divino y otros deleites, el momento crucial de un orgasmo femenino de agárrate y no te sueltes (de ésos, el mejor fue el italiano Bernini, con un *Éxtasis de Santa Teresa* a punto de ser penetrada por la saeta de un guapo ángel, que le miras la cara a la santa y te pone como una moto). En todo caso, con santos o sin ellos, la nómina de artistas españoles de talento en la época es extraordinaria; y el solo nombre de Velázquez —el más grande pintor de todos los tiempos— bastaría para justificar el siglo. Pero es que en la parte literaria aún corrimos mejor suerte. Es cierto que también sobre nuestros plumillas y juntaletras planeó la censura eclesiástica como buitre meapilas al acecho; pero era tan copioso el caudal de la tropa, que lo que se hizo fue extraordinario. De eso hablaremos en otro capítulo, creo; aunque no podemos liquidar esto sin recordar que aquella España barroca y culta alumbró también la obra del único pensador cuya talla roza, aunque sea de refilón, la del monumental francés Montaigne: Baltasar Gracián, cuyo *Oráculo manual y arte de prudencia* sigue siendo de una modernidad absoluta, y lectura aconsejable para quien desee tener algo útil en la cabeza: *Vívese lo más de información, es lo menos lo que vemos; vivimos de la fe ajena. Es el oído la puerta segunda de la verdad, y principal de la mentira. La verdad ordinariamente se ve, extravagantemente se oye. Raras veces llega en su elemento puro, y menos cuando viene de lejos; siempre tiene algo de mixta de los afectos por donde pasa.* Por ejemplo.

28. Esos geniales hijos de puta

Y allí estábamos, tocotoc, tocotoc, a caballo entre los siglos XVI y XVII, entre Felipe II y su hijo Felipe III, entre la España aún poderosa y temida, que con mérito propio y echándole huevos había llegado a ser dueña del mundo, y la España que, antes incluso de conseguir la plena unidad política como nación o conjunto de naciones (fueros y diversidad causaban desajustes que la monarquía de los Austrias fue incapaz de resolver con inteligencia), era ya un cadáver desangrado por las guerras exteriores. La paradoja es que, en vez de alentar industria y riqueza, el oro y la plata americanos nos hicieron —a ver si les suena— fanfarrones, perezosos e improductivos; o sea, soldados, frailes y pícaros antes que trabajadores, sin que a cambio creásemos en el Nuevo Mundo, como hicieron los anglosajones en el norte, un sistema social y económico estable, moderno, con vistas al futuro. Aquel chorro de dinero nos lo gastamos, como de costumbre, en coca y putas. O lo que equivalga. La gente joven se alistaba en los tercios a fin de comer y correr mundo, o procuraba irse a América; y quienes se quedaban, trampeaban cuanto podían. Intelectualmente aletargados desde el nefasto Concilio de Trento, cerradas las ventanas y ahogados en agua bendita, con las universidades debatiendo sobre la virginidad de María o sobre si el Infierno era líquido o sólido en vez de sobre ciencia y progreso, a los españoles de ambas orillas nos estrangulaban la burocracia y el fisco infame que, para alimentar esa máquina insaciable, dejaban libre de impuestos al noble y al eclesiástico pero se cebaban en el campesino humilde, el indio analfabeto, el trabajador modesto, el artesano, el comerciante; en aquellos que creaban prosperidad y riqueza mientras otros se rascaban el cimbel paseando con espada al cinto, dándose aires con el pretexto de que su tatarabuelo había estado en Covadonga, en Las Navas de Tolosa o en Otumba. Y así, el trabajo y la honradez adquirieron mala imagen. Cualquier tiñalpa pretendía vivir del cuento porque se decía hidalgo, para todo honor o beneficio había que probar no tener sangre mora o judía ni haber currado nunca, y España entera se alquilaba y vendía en plan furcia, sin más Justicia —a ver si esto les suena también— que la que podías comprar con favores o dinero. De ese modo, al socaire de un sistema corrupto alentado desde el trono mismo, la golfería nacional, el oportunismo, la desvergüenza, se convirtieron en señas de identidad; hasta el punto de que fue el pícaro, y no el hombre valiente, digno u honrado, quien acabó como protagonista de la literatura de entonces, modelo a leer y a imitar, dando nombre al más brillante género literario español de todos los tiempos: la picaresca. Lázaro de Tormes, Celestina, el buscón Pablos, Guzmán de Alfarache, Marcos de Obregón, fueron nuestras principales encarnaduras literarias; y es revelador que el único héroe cuyo noble corazón voló por encima de todos ellos resultara ser un hidalgo apaleado y loco. Sin embargo, precisamente en materia de letras los españoles dimos entonces nuestros mejores frutos. Nunca hubo otra nación, si exceptuamos la Francia ilustrada del siglo XVIII, con semejante concentración de escritores, prosistas y poetas inmensos. De talento y de gloria. Aquella España contradictoria alumbró obras soberbias en novela, teatro y poesía a ambos lados del Atlántico: Góngora, Sor Juana, Alarcón, Tirso de Molina, Calderón, Lope, Quevedo, Cervantes y el resto de la peña. Contemporáneos todos, o casi. Viviendo a veces en el mismo barrio, cruzándose en los portales, las tiendas y las tabernas. Hola, Lope; adiós, Cervantes; qué tal le va, Quevedo. Imaginen lo que fue aquello. Asombra la cantidad de grandes autores que en ese tiempo vivieron, escribieron, y también —inevitablemente españoles— se envidiaron y odiaron con saña inaudita, dedicándose sátiras vitriólicas o denunciándose a la Inquisición mientras, cada uno a su aire, construían el monumento inmenso de una lengua que ahora hablan quinientos cincuenta millones de personas. Calculen lo que habría ocurrido si esos geniales hijos de puta hubiesen escrito en inglés o en gabacho: serían hoy clásicos universales, y sus huellas se conservarían como monumentos nacionales. Pero ya saben ustedes de qué va esto: cómo somos, cómo nos han hecho y cómo nos gusta ser. Para confirmarlo, basta con visitar el barrio de las Letras de Madrid, donde en pocos metros vivieron Lope, Calderón, Quevedo, Góngora y Cervantes, entre otros. Busquen allí monumentos, placas, museos, librerías, bibliotecas. Y lo peor, oigan, es que ni vergüenza nos da.

29. Los moriscos pagan el pato

Con Felipe III, y de momento, la inmensa máquina militar y diplomática española seguía teniendo al mundo agarrado por las pelotas. Había pocas guerras —se firmó una tregua con las provincias rebeldes de Holanda—, y el dinero fácil de América seguía dándonos cuartelillo. El problema era ese mismo oro: llegaba y se iba con idéntica rapidez, a la española, sin cuajar en riqueza real ni futura. Inventar cosas, crear industrias avanzadas, investigar modernidades, traía problemas con la Inquisición (lo escribió Cervantes: *Llevan a los hombres al brasero / y a las mujeres a la casa llana*). Así que, como había viruta fresca, todo se compraba fuera. La monarquía, fiando en las flotas de América, se entrampaba con banqueros genoveses que nos sacaban el tuétano. Ingleses, franceses y holandeses, enemigos como eran, nos vendían todo aquello que éramos incapaces de fabricar aquí, llevándose lo que los indios esclavizados en América sacaban de las minas y nuestros galeones traían esquivando temporales y piratas cabroncetes. Pero ni siquiera eso beneficiaba a todos, pues el comercio americano era monopolizado por Castilla a través de Sevilla, y el resto de España no se comía una paraguaya. Por otra parte, a Felipe III le iban la marcha y el derroche: era muy de fiestas, saraos y regalos espléndidos. Además, la diplomacia española funcionaba a base de sobornar a todo cristo, desde ministros extranjeros hasta el papa de Roma. Eso movía un tinglado enorme de dinero negro, inmenso fondo de reptiles donde los más espabilados —nada nuevo hay bajo el sol— no vacilaron en forrarse. Uno de ellos fue el duque de Lerma, valido del rey, tan incompetente y trincón que luego, al jubilarse, se hizo cura —cardenal, claro, no cura de infantería— para evitar que lo juzgaran y ahorcaran por sinvergüenza. Ese pavo, con la aprobación del monarca, instauró un sistema de corrupción general que marcó estilo para los siglos siguientes. Baste un ejemplo: la corte de Felipe III se trasladó dos veces, de Madrid a Valladolid y de vuelta a Madrid, según los sobornos que Lerma recibió de los comerciantes locales, que pretendían dar lustre a sus respectivas ciudades. Para hacernos idea del paisaje vale un detallito económico: en un país lleno de nobles, hidalgos, monjas y frailes improductivos, donde al que de verdad trabajaba —lo mismo esto también les suena— lo molían a impuestos, Hacienda ingresaba la ridícula cantidad de diez millones de ducados anuales; pero la mitad de esa suma era para mantener el ejército de Flandes, mientras la deuda del Estado con banqueros y proveedores guiris alcanzaba la cifra escalofriante de setenta millones de mortadelos. Aquello era inviable, como al cabo lo fue. Pero como en eso de darnos tiros en el propio pie los españoles nunca tenemos bastante, aún faltaba la guinda que rematara el pastel: la expulsión de los moriscos. Después de la caída de Granada, los moros vencidos se habían ido a las Alpujarras, donde se les prometió respetar su religión y costumbres. Pero ya se lo pueden ustedes imaginar: al final se impuso bautizo y tocino por las bravas, bajo supervisión de los párrocos locales. Poco a poco les apretaron las tuercas, y como buena parte conservaba en secreto su antigua fe mahometana, la Inquisición acabó entrando a saco. Desesperados, los moriscos se sublevaron en 1568, en una nueva y cruel guerra civil hispánica donde corrió sangre a chorros, y en la que (pese al apoyo de los turcos, e incluso de Francia) los rebeldes y los que pasaban por allí, como suele ocurrir, se llevaron una golpiza guapa. Siguió una dispersión de la peña morisca; que, siempre zaherida desde los púlpitos, nunca llegó a integrarse del todo en la sociedad cristiana dominante. Sin embargo, como eran magníficos agricultores, hábiles artesanos, gente laboriosa, imaginativa y frugal, crearon riqueza donde fueron. Eso, claro, los hizo envidiados y odiados por el pueblo bajo. De qué van estos currantes moromierdas, decían. Y al fin, con el pretexto —justificado en zonas costeras— de su connivencia con los piratas berberiscos, Felipe III decretó la expulsión. En 1609, con una orden inscrita por mérito propio en nuestros abultados anales de la infamia, se los embarcó rumbo a África, vejados y saqueados por el camino. Con la pérdida de esa importante fuerza productiva, el desastre económico fue demoledor, sobre todo en Aragón y Levante. El daño duró siglos, y en algunos casos no se reparó jamás. Pero ojo. Gracias a eso, en mi libro escolar de Historia de España (*nihil obstat* de Vicente Tena, canónigo) pude leer en 1961 este delicioso párrafo consolatorio: *Fue incomparablemente mayor el bien que se proporcionó a la paz y a la religión.*

30. OLIVARES, O LA PODEROSA IMPOTENCIA

Con Felipe IV, que nos salió singular combinación de putero y meapilas, España vivió una larga temporada de las rentas, o de la inercia de los viejos tiempos afortunados. Y eso, aunque al cabo terminó como el rosario de la aurora, iba a darnos cuartel para casi todo el siglo XVII. El prestigio no llena el estómago —y los españoles cada vez teníamos más necesidad de llenarlo—, pero es cierto que, visto de lejos, todavía parecía temible y era respetado el viejo león hispano, ignorante el mundo de que el maltrecho felino tenía úlcera de estómago y cariadas las muelas. Siguiendo la cómoda costumbre de su padre, Felipe IV (que pasaba el tiempo entre actrices de teatro y misa diaria, alternando el catre con el confesonario) delegó el poder en manos de un valido, el conde-duque de Olivares; que esta vez sí era un ministro con ideas e inteligencia, aunque la tarea de gobernar aquel inmenso putiferio le venía grande, como a cualquiera. Olivares, que pese a ser cabezota y soberbio era un tío listo y aplicado, currante como se vieron pocos, quiso levantar el negocio, reformar España y convertirla en un Estado moderno a la manera de entonces: lo que se llevaba e iba a llevar durante un par de siglos, y lo que hizo fuertes a las potencias que a continuación rigieron el mundo. O sea, una administración centralizada, poderosa y eficaz, y una implicación —de buen grado o del ronzal— de todos los súbditos en las tareas comunes, que eran unas cuantas. La pega es que, ya desde los fenicios y pasando por los reyes medievales y los moros de la morería (como hemos visto en los veintinueve anteriores capítulos de este eterno día de la marmota), España funcionaba de otra manera. Aquí el café tenía que ser para todos, lógicamente, pero también, al mismo tiempo, solo, cortado, con leche, largo, descafeinado, americano, asiático, con un chorrito de Magno y para mí una menta poleo. Café a la taifa, resumiendo. Hasta el duque de Medina Sidonia, en Andalucía, jugó a conspirar en plan independencia. Y así, claro, ni Olivares ni Dios bendito. La cosa se puso de manifiesto a cada tecla que tocaba. Por otra parte, conseguir que una sociedad de hidalgos o que pretendía serlo (*Hasta los zapateros y los sastres presumen de cristianos viejos y pasean espada al cinto*, escribía Quevedo) se pusiera a trabajar en la agricultura, en la ganadería, en el comercio, en las mismas actividades que estaban ya enriqueciendo a los estados más modernos de Europa, era pedir peras al olmo, honradez a un escribano o caridad a un inquisidor. Tampoco tuvo más suerte el amigo Olivares con la reforma financiera. Castilla —sus nobles y clases altas, más bien— era la que se beneficiaba de América, pero también la que pagaba el pato, en hombres y dinero, de todos los impuestos y todas las guerras.

El conde-duque quiso implicar a otros territorios de la corona, ofreciéndoles entrar más de lleno en el asunto a cambio de beneficios y chanchullos; pero le dijeron que verdes las habían segado, que los fueros eran intocables, que allí madre patria no había más que una, la de ellos, y que a ti, Olivares, te encontré en la calle. Castilla siguió comiéndose el marrón para lo bueno y lo malo, y los otros siguieron enrocados en lo suyo, incluidas sus sardanas, paellas, joticas aragonesas y demás. Consciente de con quién se jugaba los cuartos y el pescuezo, Olivares no quiso apretar más de lo que era normal en aquellos tiempos y, en vez de partir unos cuantos espinazos y unificar sistemas por las bravas, como hicieron en otros países (la Francia de Richelieu estaba en pleno ascenso, propiciando la absoluta y sin complejos de Luis XIV), lo cogió con pinzas. Aun así, como en Europa había estallado la Guerra de los Treinta Años, y España, arrastrada por sus primos del Imperio austríaco —que luego nos dejaron tirados—, se había dejado liar en ella, Olivares pretendió que las Cortes catalanas, aragonesas y valencianas votaran un subsidio extraordinario para la cosa militar. Los dos últimos se dejaron convencer tras muchos dimes y diretes, pero los catalanes dijeron que res de res, que una cebolla como una olla, y que ni un puto duro daban para guerras ni para paces. Castilla nos roba. Para más inri, acabada la tregua con los holandeses, había vuelto a reanudarse la guerra en Flandes. Hacían falta tercios y pasta. Así que, al fin, a Olivares se le ocurrió un truco sucio para implicar a Cataluña: atacar a los franceses por los Pirineos catalanes. Pero le salió el gorrino chungo, porque las tropas reales y los payeses se llevaron fatal —a nadie le gusta que le roben el ganado y le soben a la Montse—, y aquello acabó a hostias. Que les contaré con detalle en el próximo capítulo.

31. Guerra civil en Cataluña

Entonces, casi a mitad del siglo XVII y todavía con Felipe IV, empezó la cuesta abajo, como en el tango. Y lo hizo, para variar, con otra guerra civil: la de Cataluña. Y el caso es que todo había empezado bien para España, con la guerra contra Francia yéndonos de maravilla y los tercios del cardenal infante, que atacaban desde Flandes, dándoles a los gabachos la enésima mano de hostias; de manera que las tropas españolas —detalle que ahora se recuerda poco— llegaron casi hasta París, demostrando lo que los alemanes probarían tres o cuatro veces más: que las carreteras francesas están llenas de árboles para que los enemigos puedan invadir Francia a la sombra. El problema es que mientras por arriba eso iba bien, abajo iba fatal. Los excesos de los soldados —en parte, catalanes— al vivir sobre el terreno, la poca gana de contribuir a la cosa bélica, y sobre todo la mucha torpeza con que el ministro Olivares, demasiado moderno para su tiempo —faltaba siglo y medio para esos métodos—, se condujo ante los privilegios y fueros locales, acabaron liándola. Hubo disturbios, insurrecciones y desplantes que España, en plena Guerra de los Treinta Años, no se podía permitir. La represión engendró más insurrección; y en 1640, un motín de campesinos prendió la chispa en Barcelona, donde el virrey fue asesinado. Olivares, eligiendo la línea dura de palo y tentetieso, se lo puso fácil a los caballeros Tamarit, a los canónigos Claris —aquí siempre tenemos un canónigo en todas las salsas— y a los extremistas de corazón o de billetera que ya entonces, con cuentas en Andorra o sin ellas, se envolvían en hechos diferenciales y demás parafernalia. Así que hubo insurrección general, y media Cataluña se perdió para España durante doce años de guerra cruel: un ejército real exasperado y en retirada, al principio, y un ejército rebelde que masacraba cuanto olía a español. Y todo eso, mientras pagaban los tiestos rotos los de en medio, que eran la mayoría, como siempre. Que España estuviera empeñada en la guerra europea dio cuartel a los insurgentes; pero cuando vino el contraataque y los tercios empezaron a repartir estiba en Cataluña, el gobierno rebelde se olvidó de la independencia, o la aplazó un rato largo, y sin ningún complejo se puso bajo la protección del rey de Francia, se declaró súbdito suyo (tengo un libro editado en Barcelona y dedicado a Su Cristianísima Majestad el Rey de Francia, que te partes el ojete), y al fin, con menos complejos todavía, lo proclamó conde de Barcelona (que era el máximo título posible, porque reyes allí sólo los había habido del reino de Aragón). Cambiando, con notable ojo clínico, una monarquía española relativamente absoluta por la monarquía de Luis XIV: la más dura y centralista que estaba naciendo en Europa (como prueba del algodón, comparen hoy, cuatro siglos después, el grado de autonomía de la Cataluña española con el de la Cataluña francesa). Pero a los nuevos súbditos del rey francés les salió el tiro por la culata, porque el ejército libertador que vino a defender a sus nuevos compatriotas resultó ser todavía más desalmado que los ocupantes españoles. Eso sí, gracias a ese patinazo, Cataluña, y en consecuencia España, perdieron para siempre el Rosellón —que es hoy la Cataluña gabacha—, y el esfuerzo militar español en Europa, en mitad de una guerra contra todos donde se lo jugaba todo, se vio minado desde la retaguardia. Francia, que aspiraba a sucedernos en la hegemonía mundial, se benefició cuanto pudo, pues España tenía que batirse en varios frentes: Portugal se sublevaba, los ingleses seguían acosándonos en América, y el hijo de puta de Cromwell quería convertir México en colonia británica. Por suerte, la Paz de Westfalia liquidó la Guerra de los Treinta Años, dejando a España y Francia enfrentadas. Así que al fin se pudo concentrar la leña. Resuelto a acabar con la úlcera, Juan José de Austria, hijo natural de Felipe IV, empezó la reconquista a sangre y fuego a partir del *españolismo abrumador* —la cita es de un historiador, no mía— de la provincia de Lérida. Las atrocidades y abusos franceses tenían a los catalanes hartos de su nuevo monarca; así que al final resultó que antiespañol, lo que se dice antiespañol, en Cataluña no había nadie. Como suele ocurrir. Barcelona capituló, y a las tropas vencedoras las recibieron allí como libertadoras de la opresión francesa, más o menos como en 1939 acogieron —véanse fotos— a las tropas franquistas. Tales son las carcajadas de la Historia. La burguesía local volvió a abrir las tiendas, se mantuvieron los fueros locales, y pelillos a la mar. Cataluña estaba en el redil para otro medio siglo.

32. EN FLANDES SE PONE EL SOL

Y así, tacita a tacita, fue llegando el día en que el Imperio de los Austrias, o más bien la hegemonía española en el mundo, el pisar fuerte y ganar todas las finales de liga, se fueron por la alcantarilla. Siglo y medio, más o menos. Demasiado había durado el asunto, si echamos cuentas, para tanta incompetencia, tanto gobernante mediocre, tanta gente —curas, monjas, frailes, nobles, hidalgos— que no trabajaba, tanta vileza interior y tanta metida de gamba. Lo de *muchos reinos pero una sola ley* era imposible de tragar, a tales alturas, por unos poderes periféricos acostumbrados durante más de un siglo a conservar sus fueros y privilegios intactos. Así que la proyectada conversión de este disparate continuo, de este permanente día de la marmota, en una nación unificada y solidaria, se fue del todo al carajo. Estaba claro que aquella España no tenía arreglo, y que la futura, por ese camino, resultaba imposible. Felipe IV le dijo al conde-duque de Olivares que se jubilara y se fuera a hacer rimas a Parla, y el intento de transformarnos en un Estado moderno, económica, política y militarmente, fuerte y centralizado (justo lo que estaba haciendo Richelieu en Francia, para convertirla en nuevo árbitro de Europa), acabó como el rosario de la aurora. En guerra con media Europa y vista con recelo por la otra media, desangrada por la Guerra de los Treinta Años, la guerra con Holanda y la guerra de Cataluña, a España le acabaron saliendo goteras por todas partes: sublevación de Nápoles, conspiraciones separatistas del duque de Medina Sidonia en Andalucía, del duque de Híjar en Aragón y de Miguel Itúrbide en Navarra. Y como mazazo final, la guerra y separación de Portugal, que, alentada por Francia, Inglaterra y Holanda (a ninguna de ellas interesaba que la Península volviera a unificarse), nos abrió otra brecha en la retaguardia. Literalmente hasta el gorro del desastre español, marginados, cosidos a impuestos, desatendidos en sus derechos y pagando también el pato en sus posesiones ultramarinas acosadas por los piratas enemigos de España, con un imperio colonial propio que en teoría les daba recursos para rato, en 1640 los portugueses decidieron recobrar la independencia después de sesenta años bajo el trono español. Que os vayan dando, dijeron. Así que proclamaron rey a Juan IV, antes duque de Braganza, y empezó una guerra larga, veintiocho años nada menos, que acabó de capar al gorrino. Al principio, tras hacer una buena montería general de españoles y españófilos —al secretario de Estado Vasconcelos lo tiraron por una ventana—, la guerra consistió en una larga sucesión de devastaciones locales, escaramuzas e incursiones, aprovechando que España, ocupada en todos los otros frentes, no podía destinar demasiadas tropas a Portugal. Fue una etapa de guerra menor pero cruel, llena de odio como las que se dan entre vecinos, con correrías, robos y asesinatos por todas partes, donde los campesinos, cual suele ocurrir, especialmente en la frontera y en Extremadura, sufrieron lo que no está escrito. Y que, abordada con extrema incompetencia por parte española, acabó con una serie de derrotas para las armas hispanas, que se comieron una sucesiva y espectacular serie de hostias en las batallas de Montijo, Elvas, Évora, Salgadela y Montes Claros. Que se dice pronto. Con lo que en 1668, tras firmar el Tratado de Lisboa, Portugal volvió a ser independiente después de habérselo ganado a pulso. De todo su imperio sólo nos quedó Ceuta, que ahí sigue. Mientras tanto, a los españoles las cosas les habían seguido yendo fatal en la guerra europea; que al final, transacciones, claudicaciones y pérdidas aparte, quedó en lucha a cara de perro con la pujante Francia del jovencito Luis XIV. La ruta militar, el famoso Camino Español que por Génova, Milán y Suiza permitía enviar tropas a Flandes, se había mantenido con mucho sacrificio, y los tercios de infantería española, apoyados por soldados italianos y flamencos católicos, combatían a la desesperada en varios frentes distintos, yéndosenos ahí todo el dinero y la sangre. Al fin se dio una batalla, ganada por Francia, que aunque no tuvo la trascendencia que se dijo —después hubo otras victorias y derrotas—, quedaría como símbolo del ocaso español. Fue la batalla de Rocroi, donde nuestros veteranos tercios viejos, que durante siglo y medio habían hecho temblar a Europa, se dejaron destrozar silenciosos e impávidos en sus formaciones, en el campo de batalla, fieles a su reputación y a su gloriosa leyenda. Y fue de ese modo como, tras haber sido dueños de medio mundo (aún retuvimos un buen trozo durante dos siglos y pico más, pero el pescado estaba vendido), en Flandes se nos puso el sol.

33. La subasta de un imperio

Y llegó Carlos II. Dicho en corto, España por el puto suelo. Nunca, hasta su tatarabuelo Carlos V, Imperio ninguno —quizá a excepción de Roma— había llegado tan alto, ni nunca, hasta el mísero Carlitos, tan bajo. La monarquía de dos hemisferios, en vez de un conjunto de reinos hispanos armónico, próspero y bien gobernado, era la descojonación de Espronceda: una Castilla agotada, una periferia que se apañaba a su aire y unas posesiones ultramarinas que a todos aquí importaban un pito excepto para la llegada periódica del oro y la plata con que iba tirando quien podía tirar. Aun así, la crisis económica hizo que se construyeran menos barcos, el poderío naval se redujo mucho, y las comunicaciones americanas estaban machacadas por los piratas ingleses, franceses y holandeses. Ahora España ya no declaraba guerras, sino que se las declaraban a ella. En tierra, fuera de lo ultramarino, la península ibérica —ya sin Portugal, por supuesto—, las posesiones de Italia, la actual Bélgica y algún detallito más, lo habíamos perdido casi todo. Tampoco es que España desapareciera del concierto internacional, claro; pero ante unas potencias europeas que habían alcanzado su pleno desarrollo, o estaban en ello, con gobiernos centralizados y fuertes, el viejo y cansado Imperio hispánico se convirtió en potencia de segunda y hasta de tercera categoría. Pero es que tampoco había con qué: tres epidemias en un siglo, las guerras y el hambre habían reducido la población en millón y medio de almas; los daños causados por la expulsión de trescientos mil moriscos se notaban más que nunca, y media España procuraba hacerse fraile o monja para no dar golpe y comer caliente. Porque la Iglesia católica era la única fuerza que no había mermado aquí, sino al contrario. Su peso en la vida diaria era enorme, todavía churruscaba herejes de vez en cuando, el rey

Carlitos dormía con un confesor y dos curas en la alcoba para que lo protegieran del diablo, y el amago de auge intelectual que se registró más o menos hacia 1680 fue asfixiado por las mismas manos que cada noche rociaban de agua bendita y latines el lecho del monarca, a ver si por fin se animaba a procurarse descendencia. Porque el gran asunto que ocupó a los españoles de finales del XVII no fue que todo se fuera al carajo, como se iba, sino si la reina —las reinas, pues con Carlos II hubo dos— paría o no paría. El rey era enclenque, enfermizo y estaba medio majara, lo que no es de extrañar si consideramos que era hijo de tío y sobrina, y que cinco de sus ocho bisabuelos procedían por línea directa de Juana la Loca. Así que imagínense el cuadro clínico. Además, era feo que te rilas. Aun así, como era rey y era todo lo que teníamos, le buscaron legítima. La primera fue la gabacha María Luisa de Orleans, que murió joven y sin parir, posiblemente de asco y aburrimiento. La segunda fue la alemana Mariana de Neoburgo, reclutada en una familia de mujeres fértiles como conejas, a la que mi compadre Juan Eslava Galán, con su habitual finura psicológica, definió magistralmente como *ambiciosa, calculadora, altanera, desabrida e insatisfecha sexual, que hoy hubiera sido la gobernanta ideal de un local sado-maso.* Nada queda por añadir a tan perfecta definición, excepto que la tudesca, pese a sus esfuerzos —espanto da imaginárselos—, tampoco se quedó preñada, aunque tenía a un jesuita por favorito y consejero, y Carlos II se fue muriendo sin vástago. España, como dijimos, era ya potencia secundaria, pero aún tenía peso, y lo de América prometía futuro si caía en buenas manos, como demostraban los ingleses en las colonias del norte, a la anglosajona, no dejando indio vivo y montando tinglados muy productivos. Así que los últimos años del piltrafilla Carlos se vieron amenizados por intrigas y conspiraciones de todas clases, protagonizadas por la reina y sus acólitos, por la Iglesia —siempre dispuesta a mojar bizcocho en el chocolate—, por los embajadores francés y austríaco, que aspiraban a suministrar nuevo monarca, y por la corrupta clase dirigente hispana, que se pasó el reinado de Carlos II trincando cuanto podía y dejándose sobornar, encantada de la vida, por unos y otros. Y así, en noviembre de 1700, último año de un siglo que los españoles habíamos empezado como amos del universo, como si aquello fuera una copla de Jorge Manrique, el último de los Austrias bajó a la tumba fría, el trono quedó vacante y España se vio de nuevo, para no perder la costumbre, en vísperas de otra bonita guerra civil. Que ya nos la estaba pidiendo el cuerpo.

34. Un desastre militar y diplomático

Murió Carlos II en 1700, como contábamos, y se lió otra. Antes de palmar sin hijos, con todo cristo comiéndole la oreja sobre a quién dejar el trono, si a los Borbones de Francia o a los Austrias del otro sitio, firmó que se lo dejaba a los Borbones y estiró la pata. El agraciado al que le tocó el trono de España —es una forma de decirlo, porque menudo regalo recibió la criatura— fue un chico llamado Felipe V, nieto de Luis XIV, que vino de mala gana porque se olía el marrón que le iban a colocar. Por su parte, el candidato rechazado, que era el archiduque Carlos, se lo tomó fatal; y aún peor su familia, los reyes de Austria. Inglaterra no había entrado en el sorteo; pero, fiel a su eterna política de no consentir una potencia poderosa ni un buen gobierno en Europa (para eso se meterían luego en la Unión Europea, para reventarla desde dentro), se alió con Austria para impedir que Francia, con España y la América hispana como pariente y aliada, se volviera demasiado fuerte. Así empezó la Guerra de Sucesión, que duró doce años y al final fue una guerra europea de órdago, pues la peña tomó partido por unos o por otros; y aunque todos mojaron en la salsa, al final, como de costumbre, la factura la pagamos nosotros: austríacos, ingleses y holandeses se lanzaron como buitres a ver qué podían rapiñar, invadieron nuestras posesiones en Italia, saquearon las costas andaluzas, atacaron las flotas de América y desembarcaron en Lisboa para conquistar la Península y poner en el trono al chaval austríaco. La escabechina fue larga, costosa y cruel, pues en gran parte se libró en suelo español, y además la gente se dividió aquí en cuanto a lealtades, como suele ocurrir, según el lado en el que tenían o creían tener la billetera. Castilla, Navarra y el País Vasco se apuntaron al bando francés de Felipe V, mientras que Valencia y el reino de Aragón, que incluía a Cataluña, se pronunciaron por el archiduque austríaco. Las tropas austracistas llegaron a ocupar Barcelona y Madrid, y hubo unas cuantas batallas como las de Almansa, Brihuega y Villaviciosa. Al final, la España borbónica y su aliada Francia ganaron la guerra; pero éramos ya tal piltrafa militar y diplomática que hasta los vencidos ganaron más que nosotros, y la victoria de Felipe V nos costó un huevo de la cara. Con la Paz de Utrecht, todos se beneficiaron menos el interesado. Francia mantuvo su influencia mundial, pero España perdió todas las posesiones europeas que le quedaban: Bélgica, Luxemburgo, Cerdeña, Nápoles y Milán; y de postre, Gibraltar y Menorca, retenidas por los ingleses como bases navales para su escuadra del Mediterráneo. Y además nos quedaron graves flecos internos, resumibles en la cuestión catalana. Durante la guerra, los de allí se habían declarado a favor del archiduque Carlos, entre otras cosas porque la invasión francesa de medio siglo atrás, cuando la guerra de Cataluña bajo Felipe IV, había hecho aborrecibles a los libertadores gabachos, y ya se sabía de sobra por dónde se pasaba Luis XIV los fueros catalanes y los otros. Y ahora, encima, decidido a convertir esta ancestral casa de putas en una monarquía moderna y centralizada, Felipe V había decretado eso de: *He juzgado conveniente (por mi deseo de reducir todos mis reinos de España a la uniformidad de unas mismas leyes, usos, costumbres y tribunales, gobernándose igualmente todos por las leyes de Castilla), abolir y derogar enteramente todos los fueros.* Así que lo que al principio fue una toma de postura catalana entre rey Borbón o rey austríaco, apostando —que ya es mala suerte— por el perdedor, acabó siendo una guerra civil local, otra para nuestro nutrido archivo de imbecilidades domésticas, cuando Aragón volvió a la obediencia nacional y toda España reconoció a Felipe V, excepto Cataluña y Baleares. Confiando en una ayuda inglesa que no llegó (al contrario, sus antiguos aliados contribuían ahora al bloqueo por mar de la ciudad), Barcelona, abandonada por todos, bombardeada, se enrocó en una defensa heroica y sentimental. Perdió, claro. Ahora hace trescientos años de aquello. Y cuando uno pierde, toca fastidiarse: Felipe V, como represalia, quitó a los catalanes todos los fueros y privilegios —los conservaron, por su lealtad al Borbón, vascos y navarros—, que no se recobrarían hasta la Segunda República. Sin embargo, envidiablemente fieles a sí mismos, al día siguiente de la derrota los vencidos ya estaban trabajando de nuevo, iniciándose (gracias al decreto que anulaba los fueros pero proveía otras ventajas, como la de comerciar con América) tres siglos de pujanza económica en los que se afirmó la Cataluña laboriosa y próspera que hoy conocemos. O conocíamos.

35. Extranjerismo y malsanas doctrinas

Con Felipe V, el primer Borbón, tampoco es que nos tocara una joya. Acabó medio loco, abdicó en su hijo Luis I, que nos salió golfo y putero pero por suerte murió pronto, a los dieciocho años, y Felipe V volvió a reinar de modo más bien nominal, pues la que se hizo cargo del cotarro fue su esposa, la reina Isabel de Farnesio, que gobernó a su aire, apoyada en dos favoritos que fueron, sucesivamente, el cardenal Alberoni y el barón de Riperdá. Todo podía haberse ido otra vez al carajo con mucha facilidad, pero esta vez hubo suerte porque los tiempos habían cambiado. Europa se movía despacio hacia la razón y el futuro, y la puerta que la nueva dinastía había abierto con Francia dejó entrar cosas interesantes. Como decía mi otras veces mencionado libro de texto de segundo de bachillerato (insisto: *nihil obstat* del censor, canónigo don Vicente Tena), *el extranjerismo y las malsanas doctrinas se infiltraron en nuestra patria.* Lo cierto es que no se infiltraron todo lo que debían, que ojalá hubiera sido más; pero algo hubo, y no fue poco. La resistencia de los sectores más cerriles de la Iglesia y la aristocracia española no podía poner diques eternos al curso de la Historia. Había nuevas ideas galopando por Europa, así como hombres ilustrados, perspicaces e inteligentes, más interesados en estudiar los *Principia Mathematica* de Newton que en discutir si el Purgatorio era sólido, líquido o gaseoso: gente que pretendía utilizar las ciencias y el progreso para modernizar, al fin, este oscuro patio de Monipodio situado al sur de los Pirineos. Poco a poco, eso fue creando el ambiente adecuado para un cierto progreso, que a medida que avanzó el siglo se hizo patente. Durante los dos reinados de Felipe V, vinculado a Francia por los pactos de familia, España se vio envuelta en varios conflictos europeos de los que no sacó, como era de esperar, sino los pies fríos y la cabeza caliente; pero en el interior las cosas acabaron mejorando mucho, o empezaron a hacerlo, en aquella primera mitad del siglo xviii donde por primera vez en España se separaron religión y justicia, y se diferenció entre pecado y delito. O al menos, se intentó. Fue llegando así al poder una interesante sucesión de funcionarios, ministros y hasta militares ilustrados, que leían libros, que estudiaban ciencias, que escuchaban más a los hombres sabios y a los filósofos que a los confesores, y se preocupaban más por la salvación del hombre en este mundo que en el otro. Y aquel país reducido a seis millones de habitantes, con una quinta parte de mendigos y otra de frailes, monjas, hidalgos, rentistas y holgazanes, la hacienda en bancarrota y el prestigio internacional por los suelos, empezó despacio a levantar la cabeza. La cosa se afianzó más a partir de 1746 con el nuevo rey, Fernando VI, hijo de Felipe, que dijo nones a las guerras y siguió con la costumbre de nombrar ministros competentes, gente capaz, ilustrada, con ganas de trabajar y visión de futuro, que pese a las contradicciones y vaivenes del poder y la política hizo de nuestro siglo xviii, posiblemente, el más esperanzador de la dolorosa historia de España. En aquella primera media centuria se favorecieron las ciencias y las artes, se creó una Marina moderna y competente, y bajo protección real y estatal se fundaron las academias de la Lengua, de la Historia y de la Medicina, y la Biblioteca Nacional. Por ahí nos fueron llegando funcionarios eficaces y ministros brillantes como Patiño o el marqués de la Ensenada. Este último, por cierto, resultó un fuera de serie: fulano culto, competente, activo, prototipo del ministro ilustrado, que mantuvo contacto con los más destacados científicos y filósofos europeos, fomentó la agricultura nacional, abrió canales de riego, perfeccionó los transportes y comunicaciones, restauró la Real Armada y protegió cuanto tenía que ver con las artes y las ciencias: uno de esos grandes personajes, resumiendo, con los que España y los españoles tenemos una deuda inmensa y del que, por supuesto, para no faltar a la costumbre, ningún escolar español conoce hoy el nombre. Pero todos esos avances y modernidades no se llevaron a cabo sin resistencia. Dos elementos se opusieron encarnizadamente a que la España del progreso y el futuro levantara la cabeza. Uno, exterior, fue Inglaterra: el peor y más vil enemigo que tuvimos durante todo el siglo XVIII. El otro, interior y no menos activo en vileza y maneras, fue el sector más extremo y reaccionario de la Iglesia católica, que veía la Ilustración como feudo de Satanás. Pero eso lo contaremos en el próximo capítulo.

36. Vade retro, Ilustración

Estábamos ahí, en pleno siglo XVIII, con Fernando VI y de camino a Carlos III, en un contexto europeo de ilustración y modernidad, mientras España sacaba poco a poco la cabeza del agujero, se creaban sociedades económicas de amigos del país y la ciencia, la cultura y el progreso se ponían de moda. Esto del progreso, sin embargo, tropezaba con los sectores ultraconservadores de la Iglesia católica, que no estaba dispuesta a soltar el mango de la sartén con la que nos había rehogado en agua bendita durante siglos. Así que, desde púlpitos y confesonarios, los sectores radicales de la institución procuraban desacreditar la impía modernidad reservándole todas las penas del Infierno. Por suerte, entre la propia clase eclesiástica había gente docta y leída con ideas avanzadas, *novatores* que compensaban el asunto. Y esto cambiaba poco a poco. El problema era que la ciencia, el nuevo Dios del siglo, le desmontaba a la religión no pocos palos del sombrajo, y teólogos e inquisidores, reacios a perder su influencia, seguían defendiéndose como tigres de Bengala. Así, mientras en Inglaterra y Francia los hombres de ciencia gozaban de atención y respeto, aquí no se atrevían a levantar la voz ni a meterse en honduras, pues la Inquisición podía caerles encima si pretendían basarse en la experiencia científica antes que en los dogmas de fe. Esto acabó imponiendo a los doctos un silencio prudente, en plan mejor no complicarse la vida, colega, dándose incluso la aberración de que, por ejemplo, Jorge Juan y Ulloa, los dos marinos científicos más brillantes de su tiempo, a la vuelta de medir el grado del meridiano en América tuvieron que autocensurarse en algunas conclusiones para no contradecir a los teólogos. Y así llegó a darse la circunstancia siniestra de que en algunos libros de ciencia figurase la pintoresca advertencia: *Pese a que esto parece demostrado, no debe creerse por oponerse a la doctrina católica.* Que tiene huevos. Ésa, entre otras, fue la razón por la que, mientras otros países tuvieron a Locke, Newton, Leibniz, Voltaire, Rousseau o D'Alembert, y en Francia tuvieron la *Encyclopédie,* aquí lo más que tuvimos fue el *Teatro crítico universal* del padre Feijoo, y gracias, o poco más, porque todo cristo andaba acojonado por si lo señalaban con el dedo los pensadores, teólogos y moralistas aferrados al rancio aristotelismo y escolasticismo que dominaba las universidades y los púlpitos (aterra considerar la de talento, ilusiones y futuro sofocados en esa trampa infame de la que no había forma de salir). Y de ese modo, como escribiría Jovellanos, cuando en el extranjero progresaban la física, la anatomía, la botánica, la geografía y la historia natural, *nosotros nos quebramos la cabeza y hundimos con gritos las aulas sobre si el Ente es unívoco o análogo.* Este marear la perdiz nos apartó del progreso práctico y dificultó mucho los pasos que, pese a todo, hombres doctos y a menudo valientes —es justo reconocer que algunos fueron dignos eclesiásticos— dieron en la correcta dirección pese a las trabas y peligros; como cuando el gobierno decidió implantar la física newtoniana en las universidades y la mayor parte de los rectores y catedráticos se opusieron a esa iniciativa, o cuando el Consejo de Castilla encargó al capuchino Villalpando que incorporase las novedades científicas a la universidad, y los nuevos textos fueron rechazados por los docentes. Así, ese camino inevitable hacia el progreso y la modernidad lo fue recorriendo España más despacio que otros, renqueante, maltratada y a menudo de mala gana. Casi todos los textos capitales de ese tiempo figuraban en el *Índice* de libros prohibidos, y sólo había dos caminos para los que pretendían sacarnos del pozo y mirar de frente el futuro. Uno era participar en la red de correspondencia y libros que circulaban entre las élites cultas europeas y, cuando era posible, traer a España a obreros especializados, inventores, ingenieros, profesores y sabios de reconocido prestigio. El otro era irse a estudiar o de viaje al extranjero, recorrer las principales capitales de Europa donde cuajaban las ciencias y el progreso, y regresar con ideas frescas y ganas de aplicarlas. Pero eso se hallaba al alcance de muy pocos. La gran masa de españoles, el pueblo llano, seguía siendo inculta, apática, cerril, ajena a las dos élites, o ideologías, que en ese siglo XVIII empezaban a perfilarse, y que pronto marcarían para siempre el futuro de nuestra desgarrada historia: la España conservadora, castiza, apegada de modo radical a la tradición del trono, el altar y las esencias patrias, y la otra: la ilustrada que pretendía abrir las puertas a la razón, la cultura y el progreso.

37. La pérfida Albión

El peor enemigo exterior que España tuvo en el siglo XVIII —y hubo unos cuantos— fue Inglaterra. Al afán británico por que nunca hubiese buenos gobiernos en Europa hubo que añadir su rivalidad con el Imperio español, que tuvo por principal escenario el mar. Las posesiones españolas en América eran pastel codiciado, y el flujo de riquezas a través del Atlántico resultaba demasiado tentador como para no darle mordiscos. Pese a las muchas señales de recuperación, España no tenía industria, apenas fabricaba nada propio y vivía de comprarlo todo con el oro y la plata que, desde las minas donde trabajaban los indios esclavizados, seguían llegando a espuertas con las flotas de galeones. Y ahí estaba el punto. Muchas fortunas en la City de Londres se hicieron con lo que se les quitaba a España y a sus colonias: acabamos convirtiéndonos en la bisectriz de la Bernarda, porque todos se acercaban a rapiñar. El monopolio comercial español con sus posesiones americanas era mal visto por las compañías mercantiles inglesas, que nos echaron encima a sus corsarios (ladrones autorizados por la corona), sus piratas (ladrones por cuenta propia) y sus contrabandistas. Había bofetadas para ponerse a la cola depredadora, en plan aquí quién roba el último, hasta el punto de que aquello era un comedero, o bebedero, o como se diga, de patos. Eso, claro, engordaba las colonias británicas en Norteamérica, cuya próspera burguesía, forrándose con lo suyo y con lo nuestro entre exterminio y exterminio de indios, empezaba a pensar ya en separarse de Inglaterra. España, aunque con los Borbones se había recuperado mucho —obras públicas, avances científicos, correos, comunicaciones— del desastre con el que se despidieron los Austrias, seguía sin levantar cabeza, pese a los intentos ilustrados por conducirla al futuro. Y ahí tuvieron su papel ministros y hombres interesantes como el marqués de la Ensenada, que, dispuesto a plantar cara a Inglaterra en el mar, reformó la Real Armada, dotándola de buenos barcos y excelentes oficiales. Aunque era tarde para devolver a España al rango de primera potencia mundial, esa política permitió que siguiéramos siendo respetables en materia naval durante lo que quedaba de siglo. Prueba de lo bien encaminado que iba Ensenada es que los ingleses no pararon de ponerle zancadillas, conspirando y sobornando hasta que lograron que el rey se lo fumigara (esto seguía siendo España, a fin de cuentas, y en Londres nos conocían hasta por los andares); y nada dice tanto a favor de ese ministro, ni es tan vergonzoso para nosotros, como la carta enviada por el embajador inglés a Londres celebrando su caída: *Los grandes proyectos para el fomento de la Real Armada han quedado suspendidos. Ya no se construirán más buques en España.* De cualquier manera, con Ensenada o sin él, nuestro XVIII fue el siglo por excelencia de la Marina española, y lo seguiría siendo hasta que todo se fue a tomar por saco en Trafalgar. El problema era que teníamos unos barcos potentes, bien construidos, así como unos oficiales de élite con excelente formación científica y marina, pero escaseaban las buenas tripulaciones. El sistema de reclutamiento era infame, las pagas eran pésimas, y a los que volvían enfermos o mutilados se les condenaba a la miseria. A diferencia de los marinos ingleses, que gozaban de primas por botines y otros beneficios, las tripulaciones españolas no veían un puñetero duro, y todo marinero con experiencia procuraba evitar los barcos de la Real Armada, prefiriendo la marina mercante, la pesca e incluso, como ahora, las marinas extranjeras. Lo que pasa es que, como ocurre siempre, en todo momento hubo gente con patriotismo y con agallas; y, pese a que la Administración era desastrosa y corrupta hasta echar la pota, algunos marinos notables y algunas tripulaciones heroicas protagonizaron hechos magníficos en el mar y en la tierra, sobándoles el morro a los ingleses en muchas ocasiones. Lo que, considerando el paisanaje, la bandera bajo la que servían y el poco agradecimiento de sus compatriotas, tiene doble mérito. El férreo Blas de Lezo le dio por saco al comodoro Vernon en Cartagena, Velasco se batió como un tigre en La Habana, Gálvez —héroe en Estados Unidos, desconocido en España— se inmortalizó en la toma de Pensacola, y navíos como el *Glorioso* supieron hacérselo pagar muy caro a los ingleses antes de arriar bandera. Hasta el gran Horacio Nelson (detalle que los historiadores británicos callan pudorosamente) se quedó manco cuando quiso tomar Tenerife por la cara y los de allí, que aún no estaban acostumbrados al turismo, le dieron las suyas y las del pulpo. Por fantasma y por gilipollas.

38. Algunos hombres buenos

Además de convertir Madrid y otros lugares en sitios bastante bonitos, dentro de lo que cabe, Carlos III fue un rey simpático. No en lo personal —contando chistes, aquel Borbón no era nada del otro mundo—, sino de intenciones y maneras. Venía de Nápoles, de donde por esos chanchullos dinásticos de entonces había sido rey, y traía de allí aficiones, ideas y maneras que lo acercaban mucho a la modernidad. En España, claro, aquello chocaba con la oscuridad tradicional de los sectores más reaccionarios, que seguían tirando para el otro lado. Pero aun así, en veintinueve años de reinado ese monarca de buenas intenciones hizo lo que pudo. Fue un rey ilustrado que procuró rodearse de gente competente. Si en una hemeroteca consultamos la *Gazeta de Madrid* correspondiente a su tiempo, nos quedaremos de pasta de boniato, admirados de la cantidad de leyes justas y oportunas con las que aquel muy decente Borbón intentó abrir las ventanas y airear el olor a cerrado y sacristía que enrarecía este sitio. Hubo apoyo a la investigación y la ciencia, repoblación con inmigrantes de regiones abandonadas, y leyes eficaces que hacían justicia a los desfavorecidos, rompían el inmovilismo de gremios y corporaciones de talante medieval, permitían a los hijos vivir de trabajos honorables y abrían a las mujeres la posibilidad de ejercer oficios que hasta entonces les estaban vedados. Parecía, resumiendo la cosa, que otra España era posible; y lo cierto es que esa otra España se asentó bastante, apuntando esperanzas que ya no iban a perderse nunca. Pero no todo fueron alegrías. La cosa bélica, por ejemplo, ruló bastante mal. Los pactos de familia con Francia y el apoyo a las colonias rebeldes de Norteamérica en su guerra de independencia (como unos linces, apoyamos a quienes luego nos despojarían de todo) nos zambulleron en un par de guerras con Inglaterra de las que, como siempre, pagamos los platos rotos y el total de la factura, perdiendo unas posesiones y recuperando otras, pero sin conseguir nunca echarle el guante a Gibraltar. Por la parte eclesiástica, los reformadores e ilustrados cercanos a Carlos III continuaban empeñados en recortar las alas de la Iglesia católica, que seguía siendo el gallo del corral, y educar al pueblo para apartarlo de supersticiones y barroquismos inmovilistas. En ese momento, la poderosa Compañía de Jesús representaba cuanto aquellos ilustrados detestaban: potencia intelectual, apoyo del papa, vasta red de colegios donde se educaban los nobles y los millonetis, influencia como confesores de reyes y reinas, y otros etcéteras. Así que, con el pretexto de un motín popular contra el ministro reformista Squillace (un italiano que no sabía en qué país se jugaba los cuartos y el pescuezo), motín al que los jesuitas no fueron del todo ajenos, Carlos III decretó su expulsión de España. Sin embargo, la Iglesia católica (las otras órdenes religiosas, españolas al fin, estaban encantadas con que se cepillaran a los competidores ignacianos) siguió atrincherada en sus privilegios, púlpitos y confesonarios, y la Inquisición se apuntó un tanto demoledor con la detención y proceso del ministro Olavide, empapelado por progresista y por ejecutar reformas que el rey le había encargado, y a quien luego, cuando los cuervos negros le cayeron encima, dejaron todos, rey incluido —en eso cae algo menos simpático Carlos III—, tirado como una puta colilla. El escarmiento de Olavide acojonó bastante a la peña, y los reformistas, aunque sin renunciar a lo suyo, se anduvieron en adelante con más cuidado. Por eso buena parte de las reformas se quedaron en parches o arreglos parciales, cuando no en bajadas de calzón en toda regla. Hubo ahí un intento interesante, que fue convertir el teatro, que era la diversión popular más estimada —lo que hoy es la tele—, en vehículo de educación, reforma de costumbres y ejemplo de patriotismo laborioso y bien entendido, mostrando modelos de buenos ciudadanos, de jueces incorruptibles, de burgueses trabajadores, de artesanos honrados, de prudentes padres de familia. Pero, como era de esperar, eso fue valorado sólo por algunos. Los grandes éxitos seguían siendo sainetes bajunos, episodios chocarreros que encajaban más con el gusto, no sólo del pueblo resignado e inculto, sino también de una nobleza frívola y a veces analfabeta: aquella aristocracia castiza de misa y trono, que prefería las modas y maneras del populacho de Lavapiés o la gitanería del Sacromonte a las luces de la razón, el progreso y el buen gusto que ya estaban iluminando Europa.

39. Otra vez nos vamos al carajo

A finales del siglo XVIII, con la desaparición de Carlos III y sus ministros ilustrados, se fastidió de nuevo la esperanza de que esto se convirtiera en un lugar decente. Habían sido casi tres décadas de progreso, de iniciativas sociales y científicas, de eficiente centralismo acorde con lo que en ese momento practicaban en Europa las naciones modernas. Aquella indolente España de misa, rosario, toros y sainetes de Ramón de la Cruz aún seguía lastrada por su propia pereza, incapaz de sacar provecho del vasto imperio colonial, frenada por una aristocracia ociosa y por una Iglesia católica que defendía sus privilegios como gato panza arriba; pero lo cierto es que, impulsada por hombres inteligentes y lúcidos que combatían todo eso, empezaba a levantar poco a poco la cabeza. Nunca había sido España tan unitaria ni tan diversa al mismo tiempo. Teníamos monarquía absoluta y ministros todopoderosos, pero por primera vez no era en beneficio exclusivo de una casa real o de cuatro golfos con título nobiliario, sino de toda la nación. Los catalanes, que ya podían comerciar con América e iban con sus negocios para arriba, estaban encantados, en plan quítame fueros pero dame pesetas. Los vascos, integrados en los mecanismos del Estado, en la administración, el comercio y las fuerzas armadas —en todas las hazañas bélicas de la época figuran apellidos de allí—, no discutían su españolidad ni hartos de vino. Y los demás, tres cuartos de lo mismo. España, despacio pero notándose, empezaba a respetarse a sí misma, y aunque tanto aquí como en la América hispana quedaba tela de cosas por resolver, el futuro pintaba prometedor. Y entonces, por esa extraña maldición casi bíblica, o sin casi, que pesa sobre esta desgraciada tierra, donde tan aficionados somos a cargarnos cuanto conseguimos edificar, a Carlos III le sucedió el imbécil de su hijo Carlos IV, en Francia estalló una sangrienta revolución que iba a cambiar Europa, y todo, una vez más, se nos fue al carajo. Al cuarto Carlos, bondadoso, apático y mierdecilla como él solo, la España recibida en herencia le venía grande. Para más inri, lo casaron con su prima María Luisa de Parma, que aparte de ser la princesa más fea de Europa, era más puta que María Martillo. Aquello no podía acabar bien, y para adobar el mondongo entró en escena Manuel Godoy, que era un guardia de palacio alto, simpático, apuesto y guaperas: una especie de Bertín Osborne que además de calzarse a la reina le caía bien al rey, que lo hizo superministro de todo. Así que España quedó en manos de aquel nefasto *ménage à trois,* precisamente —que ya es mala suerte, rediós— en un momento en el que habría necesitado buena cabeza y mejor pulso al timón de la nave. Porque en la vecina Francia, por esas fechas, había estallado una revolución de veinte pares de cojones: la guillotina no daba abasto, despachando primero a aristócratas y luego a todo cristo, y al rey Luis XVI —otro mantequitas blandas estilo Carlos IV— y a su consorte María Antonieta los habían afeitado en seco. Eso produjo en toda Europa una reacción primero horrorizada y luego belicosa, y todas las monarquías, puestas de acuerdo, declararon la guerra a la Francia regicida. España también, qué remedio; y hay que reconocer, en honor de los revolucionarios gabachos, que cantando su *Marsellesa* en plan enfantsdelapatrí nos dieron una enorme estiba de hostias en los Pirineos, pues llegaron a ocupar Bilbao, San Sebastián y Figueras. La reacción española, temiendo que el virus revolucionario contagiase a la peña de aquí, fue cerrar a cal y canto la frontera y machacar a todos cuantos hablaban de ilustración, modernidad y progreso. La Iglesia católica y los sectores más carcamales se frotaron las manos, y España, una vez más y para su desdicha, se convirtió de nuevo en defensora a ultranza del trono y de la fe. Había reformas que ya eran imparables, y hay que decir en favor de Godoy que éste, a quien el cargo venía grande pero no era en absoluto gilipollas, dio cuartel a científicos, literatos y gente ilustrada. Aun así, el frenazo en materia de libertades y modernidad fue general. Todos los que hasta entonces defendían reformas políticas fueron considerados sospechosos; y conociendo el percal hispano, procuraron ocultar la cabeza bajo el ala, por si asaban carne. Encima, nuestros nuevos aliados ingleses —encantados, como siempre, de que Europa estuviera revuelta y en guerra—, después de habernos hecho la puñeta todo el siglo, aprovecharon el barullo para seguir dándonos por saco en América, en el mar y donde pudieron. Y entonces, señoras y señores, para dar la puntilla a aquella España que pudo ser y no fue, en Francia apareció un fulano llamado Napoleón.

40. NAPOLEÓN NOS HACE LA PASCUA

Godoy no era exactamente gilipollas. Como dije, nos salió avispado y con afición, pero el asunto que se ganó a pulso arrugando sábanas del lecho real, gobernar aquella España, era tela marinera. Echen cuentas ustedes mismos: una reina intrigante, un rey bondadoso y estúpido, una Iglesia católica irreductible, una aristocracia inculta e impresentable, una progresía acojonada por los excesos guillotineros de la Revolución francesa, y un pueblo analfabeto, indolente, más inclinado a los toros y a los sainetes de majos y copla en plan *Sálvame* —y ahí seguimos todos— que al estudio y el trabajo, de los que pocos solían dar ejemplo. Aquéllos, desde luego, no eran mimbres para hacer cestos. A eso hay que añadir la mala fe tradicional de Gran Bretaña, con sus comerciantes siempre con un ávido ojo puesto en lo nuestro de América y en el Mediterráneo, que mediante el habitual cinismo inglés procuraban engorrinar el paisaje cuanto podían. Lo que en plena crisis revolucionaria europea, con aquella España indecisa y mal gobernada, estaba chupado. El caso es que Godoy, pese a sus buenas intenciones (era un chaval moderno, protector de ilustrados como el dramaturgo Moratín), se vio todo el rato entre Pinto y Valdemoro, o sea, entre los ingleses, que daban por saco lo que no está escrito, y los franceses, a los que ya se les imponía Napoleón y que iban de macarras insoportables. Alianzas y contraalianzas diversas, en fin, nos llevaron de aquí para allá, de luchar contra Francia a ser sus aliados para enfrentarnos a Inglaterra, pagando nosotros la factura, como de costumbre. Hubo una guerrita cómoda y facilona contra Portugal —la guerra de las Naranjas—, el intento de toma de Tenerife por Nelson, donde los canarios le hicieron perder un brazo y le dieron, a ese chulo de mierda, una friega de campeonato, y una batalla de Trafalgar, ya en 1805, donde la poca talla política de Godoy nos puso bajo el incompetente mando del almirante gabacho Villeneuve, y donde Nelson, aunque palmó en el combate, se cobró lo del brazo tinerfeño haciéndonos comernos una derrota como el sombrero de un picador. Lo de Trafalgar fue grave por muchos motivos: aparte de quedarnos sin barcos para proteger las comunicaciones con América, convirtió a los ingleses en dueños del mar para casi un siglo y medio, y a nosotros nos hizo polvo porque allí quedó destrozada la Marina española, que por tales fechas estaba mandada por oficiales de élite como Churruca, Gravina y Alcalá-Galiano, marinos y científicos ilustrados, prestigiosos herederos de Jorge Juan, que leían libros, sabían quién era Newton y eran respetados hasta por sus enemigos. Trafalgar acabó con todo eso, barcos, hombres y futuro, y nos dejó a punto de caramelo para los desastres que iban a llegar con el nuevo siglo, mientras las dos Españas que habían ido apuntando como resultado de las ideas modernas y el enciclopedismo, o sea y resumiendo fácil, la partidaria del trono y del altar y la inclinada a ponerlos patas arriba, se iban definiendo con más nitidez. España había registrado muchos cambios positivos, e incluso en los sectores reaccionarios había una tendencia inevitable a la modernidad que se sentía también en las colonias americanas, que todavía no cuestionaban su españolidad. Todo podría haberse logrado, progreso e independencias americanas, de manera natural, amistosa, a su propio ritmo histórico. Pero la incompetencia política de Godoy y la arrogante personalidad de Napoleón fabricaron una trampa mortal. Con el pretexto de conquistar Portugal, el ya emperador de los franceses introdujo sus ejércitos en España, anuló a la familia real, que dio el mayor ejemplo de bajeza, servilismo y abyección de nuestra historia, y después de que el motín de Aranjuez (organizado por el príncipe heredero Fernando, que odiaba a Godoy) derribase al favorito, se llevó a Bayona, en Francia, invitados en lo formal pero prisioneros en la práctica, a los reyes viejos y al principito, que dieron allí un espectáculo de ruindad y rencillas familiares que todavía hoy avergüenza recordar. Bajo tutela napoleónica, Carlos IV acabó abdicando en Fernando VII, pero aquello era un paripé. La Península estaba ocupada por ejércitos franceses, y el emperador, ignorando con qué súbditos se jugaba los cuartos, había decidido apartar a los Borbones del trono español, nombrando a un rey de su familia. *Un pueblo gobernado por curas* —escribió, convencido— *es incapaz de luchar.* Eso dijo el fino psicoanalista. Y es que como militar y emperador Napoleón era un filigranas; pero como profeta no tenía ni zorra idea.

41. Días y años de cólera

Y ahora, la tragedia. Porque para algunos aquello debió de ser desgarrador y terrible. Pónganse ustedes en los zapatos de un español con inteligencia y cultura. Imaginen a alguien que leyera libros, que mirase el mundo con espíritu crítico, convencido de que las luces, la ilustración y el progreso que recorrían Europa iban a sacar a España del pozo siniestro donde reyes incapaces, curas fanáticos y gentuza ladrona y oportunista nos habían tenido durante siglos. Y consideren que ese español de buena voluntad, mirando más allá de los Pirineos, llegase a la conclusión de que la Francia napoleónica, hija de la Revolución pero ya templada por el sentido común de sus ciudadanos y el genio de Bonaparte, era el foco de luz adecuado; el faro que podía animar a los españoles de buen criterio a sacudirse el polvo miserable en el que vivían rebozados y hacer de éste un país moderno y con futuro: libros, ciencia, deberes ciudadanos, responsabilidad intelectual, espíritu crítico, libre debate de ideas y otros etcéteras. Imaginen por tanto que ese español, hombre bueno, recibe con alborozo la noticia de que España y Francia son aliadas y que en adelante van a caminar de la mano, y comprende que ahí se abre una puerta estupenda por la que su patria, convertida en nación solidaria, va a respirar un aire diferente al de las sacristías y los calabozos. Imaginen a ese español, con todas sus ilusiones, viendo que los ejércitos franceses, nuestros aliados, entran en España con la chulería de quienes son los amos de Europa. Y que a Carlos IV, su legítima, el miserable de su hijo Fernando y el guaperas Godoy, o sea, la familia Telerín, se los llevan a Francia medio invitados medio prisioneros, mientras Napoleón decide poner en España, de rey, a un hermano suyo. Un tal Pepe. Y que eso la gente no lo traga, y empieza el cabreo, primero por lo bajini y luego en voz alta, cuando los militares gabachos empiezan a pavonearse y arrastrar el sable por los teatros, los toros y los cafés, y a tocarles el culo a las bailaoras de flamenco. Y entonces, por tan poco tacto, pasa lo que en este país de bronca y navaja tiene que pasar sin remedio, y es que la chusma más analfabeta, bestia y cimarrona, la que nada tiene que perder, la de siete muelles, clac, clac, clac, y navajazo en la ingle, monta una pajarraca de veinte pares de cojones en Madrid, el 2 de mayo de 1808, y aunque al principio sólo salen a la calle a escabechar franchutes los muertos de hambre, los chulos de los barrios bajos y las manolas de Lavapiés, mientras toda la gente llamada de orden se queda en su casa a verlas venir y las autoridades les succionan el ciruelo a los franceses, la cosa se va calentando, Murat (que es el jefe de los malos) ordena fusilar a mansalva, los imperiales se crecen, la gente pacífica empieza a cabrearse también, los curas toman partido contra los franceses que traen ideas liberales, se corre la insurrección como un reguero de pólvora, y toda España se alza en armas, eso sí, a nuestra manera, cada uno por su cuenta y maricón el último, y esto se vuelve un desparrame peninsular del copón de Bullas. Y ahí es cuando llega el drama para los lúcidos y cultos; para quienes saben que España se levanta contra el enemigo equivocado, porque esos invasores a los que degollamos son el futuro, mientras que las fuerzas que defienden el trono y el altar son, en su mayor parte, la incultura más bestia y el más rancio pasado. Así que calculen la tragedia de los inteligentes: saber que quien trae la modernidad se ha convertido en tu enemigo, y que tus compatriotas combaten por una causa equivocada. Ahí viene el dilema, y el desgarro: elegir entre ser patriota o ser afrancesado. Apoyar a quienes te han invadido, arriesgándote a que te degüellen tus paisanos, o salir a pelear junto a éstos, porque más vale no ir a contracorriente o porque, por muy ilustrado que seas, cuando un invasor te mata al vecino y te viola a la cuñada no puedes quedarte en casa leyendo libros. De ese modo, muchos de los que saben que, pese a todo, los franceses son la esperanza y son el futuro, se ven al cabo, por simple dignidad o a la fuerza, con un fusil en la mano, peleando contra sus propias ideas en ejércitos a lo Pancho Villa, en partidas de guerrilleros con cruces y escapularios al cuello, predicados por frailes que afirman que los franceses son la encarnación del demonio. Y así, en esa guerra mal llamada de la Independencia (aquí nunca logramos independizarnos de nosotros mismos), toda España se vuelve una trampa inmensa, tanto para los franceses como para quienes —y esto es lo más triste de todo— habían creído que con ellos llegaban, por fin, la libertad y las luces.

42. Una carnicería española

La escabechina de la Independencia, que en Cataluña llamaron del Francés, fue una carnicería atroz, larga y densa, españolísima de maneras, con sus puntitos de guerra civil sobre todo al principio, cuando los bandos no estaban del todo claros. Luego ya se fue definiendo, masa de patriotas por una parte y, por la otra, españoles afrancesados con tropas —de grado o a la fuerza— leales al rey francés Pepe Botella, que eran menos pero estaban con los gabachos, que eran los más fuertes. En cuanto al estilo, que como digo fue muy nuestro, el mejor corresponsal de guerra que hubo nunca, Francisco de Goya, dejó fiel constancia de todo aquel desparrame en su estremecedora serie de grabados *Los desastres de la guerra;* así que, si les echan ustedes un vistazo —están en Internet—, me ahorran a mí muchas explicaciones sobre cómo actuaron ambas partes. Napoleón, que había puesto a toda Europa de rodillas, creía que esto iba a solventarlo con cuatro cañonazos; pero estaba lejos de conocer el percal. En los primeros momentos, con toda España sublevada, los franceses las pasaron canutas y se comieron en Bailén una derrota de cojón de pato, dejando allí veinte mil prisioneros. Tomar Zaragoza y Gerona, que se defendieron a sangre y fuego cual gatos panza arriba, también les costó sangrientos y largos asedios. Tan chunga se puso la cosa que el propio Napoleón tuvo que venir a España a dirigir las operaciones, tomar Somosierra y entrar en Madrid, de donde su hermano Pepe, ante la proximidad de las tropas patriotas españolas, había tenido que salir ciscando leches. Al fin los ejércitos imperiales se fueron haciendo dueños del paisaje, aunque hubo ciudades donde no pudieron entrar o que ocuparon durante muy poco tiempo. La que nunca llegaron a pisar fue Cádiz, allí en la otra punta, que atrincherada en lo suyo resistió durante toda la guerra, y donde fueron a refugiarse el gobierno patriota y los restos de los destrozados ejércitos españoles. Sin embargo, aunque España, más o menos, estaba oficialmente bajo dominio francés, lo cierto es que buena parte nunca lo estuvo del todo, pues surgió una modalidad de combate tan española, tan nuestra, que hoy los diccionarios extranjeros se refieren a ella con la palabra española: *guerrilla.* Los guerrilleros eran gente dura y bronca: bandoleros, campesinos, contrabandistas y gente así, lo mejor de cada casa, sobre todo al principio. Fulanos desesperados que no tragaban a los gabachos o tenían cuentas pendientes porque les habían quemado la casa, violado a la mujer y atrocidades de esa clase. Luego ya se fue sumando más gente, incluidos muchos desertores de los ejércitos regulares que los franceses solían derrotar casi siempre cuando había batallas en campo abierto, porque lo nuestro era un descojono de disciplina y organización; pero que luego, después de cada derrota, de correr por los campos o refugiarse en la sierra, volvían a reunirse y peleaban de nuevo, incansables, supliendo la falta de medios y de encuadramiento militar con esa mala leche, ese valor suicida y ese odio contumaz que tienen los españoles cuando algo o alguien se les atraviesa en el gaznate. Así, la Guerra de la Independencia fue, sobre todo, una sucesión de derrotas militares que a los españoles parecían importarles un huevo, pues siempre estaban dispuestos para la siguiente. Y de ese modo, entre ejércitos regulares desorganizados y con poco éxito, pero tenaces hasta el disparate, y guerrilleros feroces que infestaban los campos y caminos, sacándole literalmente las tripas al franchute que pillaban aparte, los invasores dormían con un ojo abierto y vivían en angustia permanente, con pequeñas guarniciones atrincheradas en ciudades y fortines de los que no salían más que en mogollón y sin fiarse ni de su padre. Aquello era una pesadilla con música de Paco de Lucía. Imaginen, por ejemplo, el estado de ánimo de ese correo francés a caballo, Dupont o como se llamara el desgraciado, galopando solo por Despeñaperros, tocotoc, tocotoc, mirando acojonado hacia arriba, a las alturas del desfiladero, cayéndole el sudor por el cogote, loco por llegar a Madrid, entregar el despacho, tomarse una tila y luego relajarse en un puticlub, cuando de pronto ve que le sale al camino una partida de fulanos morenos y bajitos cubiertos de medallas religiosas y escapularios, con patillas, trabucos, navajas y una sonrisa a lo Curro Jiménez, que le dicen: «Oye, criatura, báhate der cabayo que vamo a converzá un rato». Ahí, en el mejor de los casos, el gabacho se moría de infarto, él solo, ahorrándose lo que venía luego. A algunos se les oía gritar durante días.

43. Viva la Pepa

Y así andábamos, en plena guerra contra los franceses, con toda España arruinada y hecha un carajal, los campos llenos de cadáveres y la sombra negra de la miseria y el hambre en todas partes, los ejércitos nacionales cada uno por su cuenta, odiándose los generales entre ellos (las faenas que se hacían unos a otros eran enormes; imaginen a los políticos de ahora con mando de tropas) y comiéndose, jefes y carne de cañón, derrota tras derrota pero sin aflojar nunca, con ese tesón entre homicida y suicida tan propio de nosotros, que lo mismo se aplica contra el enemigo que contra el vecino del quinto. Gran Bretaña, enemiga acérrima de la Francia napoleónica, había enviado fuerzas a la Península que aportaban a este desparrame cierta coherencia militar, con el duque de Wellington como jefe supremo de las fuerzas aliadas. Hubo batallas sangrientas grandes y pequeñas, La Albuera y Chiclana por ejemplo, donde los ingleses, siempre fieles a sí mismos en lo del coraje y la eficacia, se portaron de maravilla; y donde, justo es reconocerlo, las tropas españolas estuvieron espléndidas, pues cuando se veían bien mandadas y organizadas —aunque eso no fuera lo más frecuente— combatían siempre con una tenacidad y un valor ejemplares. Los ingleses, por su parte, que eran todo lo valientes que ustedes quieran, pero tan altaneros y crueles como de costumbre, despreciaban a los españoles, iban a su rollo y más de una vez, al tomar ciudades a los franceses, como Badajoz y San Sebastián, cometieron más excesos, saqueos y violaciones que los imperiales, portándose como en terreno enemigo. Y, bueno. Así, poco a poco, con mucha pólvora y salivilla, sangre aparte, los franceses fueron perdiendo la guerra y retrocediendo hacia los Pirineos, y con ellos tomaron las de Villadiego muchos de aquellos españoles, los llamados afrancesados, que por ideas honradas o por oportunismo habían sido partidarios del rey Pepe Botella y del gobierno francés. Se largaban sobre todo porque las tropas vencedoras, por no decir los guerrilleros, los despellejaban alegremente en cuanto les ponían la zarpa encima, y de todas partes surgían en socorro del vencedor, como de costumbre, patriotas de última hora dispuestos a denunciar al vecino al que envidiaban, rapar a la guapa que no les hizo caso, encarcelar al que les caía gordo o fusilar al que les prestó dinero. Y de esa manera, gente muy valiosa, científicos, artistas e intelectuales, emprendió el camino de un exilio que los españoles iban a transitar mucho en el futuro; una tragedia que puede resumirse con las tristes palabras de una carta que Moratín escribió a un amigo desde Burdeos: *Ayer llegó Goya, viejo, enfermo y sin hablar una palabra de francés.* De todas formas, y por fortuna, no todos los ilustrados eran profranceses. Gracias a la ayuda de la escuadra británica y a la inteligencia y valor de sus defensores, Cádiz había logrado resistir los asaltos gabachos. En ella se había refugiado el gobierno patriota, y allí, en ausencia del rey Fernando VII preso en Francia (de ese hijo de la grandísima puta hablaremos en otros capítulos), entre cañas de manzanilla y tapitas de ibérico, políticos conservadores y políticos progresistas, según podemos entender eso en aquella época, se pusieron de acuerdo, cosa insólita entre españoles, para redactar una Constitución que regulase el futuro de la monarquía y la soberanía nacional. Se hizo pública con gran solemnidad en pleno asedio francés el 19 de marzo de 1812 —por eso se la bautizó como La Pepa—, y en ella participaron no sólo diputados españoles de aquí, sino también de las colonias americanas, que ya empezaban a removerse pero aún no cuestionaban en serio su españolidad. Conviene señalar que esa Constitución (tan bonita e ideal que resultaba difícil de aplicar en la España de entonces) limitaba los poderes del rey, y que por eso los más conservadores la firmaron a regañadientes; entre otras cosas porque los liberales, o progresistas, amenazaban con echarles el pueblo encima. Así que los carcas hicieron de tripas corazón, aunque dispuestos a que en la primera oportunidad la pobre Pepa se fuera al carajo y los diputados progres pagaran con sangre la humillación que les habían hecho pasar. Arrieritos somos, dijeron. Todo se cocía despacio, en fin, para que las dos Españas se descuartizaran una a otra durante los siguientes doscientos años. Así que en cuanto los franceses se fueron del todo, acabó la guerra y Napoleón nos hizo el regalo envenenado de devolvernos al rey más infame del que España tiene memoria, para los fieles partidarios del trono y el altar llegó la ocasión de ajustar cuentas. La dulce hora de la venganza.

44. Vivan las caenas

En marzo de 1812 se aprobó, tras acaloradas discusiones, la desdichada Constitución por la que España debería regirse... Esta cita, que procede de un libro de texto escolar editado siglo y medio más tarde, durante el franquismo, refleja la postura del sector conservador de las Cortes de Cádiz y la larga proyección que las ideas reaccionarias tendrían en el futuro. Con sus consecuencias, claro. Traducidas, fieles a nuestro estilo histórico de cadalso y navaja, en odios y en sangre. Porque al acabar la guerra contra los franceses, las dos Españas eran ya un hecho inevitable. De una parte estaban los llamados liberales, alma de la Constitución, partidarios de las ideas progresistas de entonces: limitar el poder de la Iglesia y la nobleza, con una monarquía controlada por un parlamento. De la otra, los llamados absolutistas o serviles, partidarios del trono y del altar a la manera de siempre. Y, bueno. Cada uno mojaba en su propia salsa. A la chulería y arrogancia idealista de los liberales, que iban de chicos estupendos, con unas prisas poco compatibles con el país real y complicado donde se jugaban los cuartos y el pescuezo, se oponía el rencor de los sectores monárquicos y meapilas más ultramontanos, que confiaban en la llegada del joven Fernando VII, recién liberado por Napoleón, para que las cosas volvieran a ser como antes. Y en medio de unos y otros, como de costumbre, se hallaba un pueblo inculto y a menudo analfabeto, religioso hasta la superstición, recién salido de la guerra y sus estragos, cuyas pasiones y entusiasmos eran fáciles de excitar lo mismo desde arengas liberales que desde púlpitos serviles; y que lo mismo jaleaba la Constitución que, al día siguiente, según lo meneaban, colgaba de una farola al liberal al que pillaba cerca. Y eso fue exactamente lo que pasó cuando Fernando VII de Borbón, el mayor hijo de puta que ciñó corona en España, volvió de Francia (donde le había estado succionando el ciruelo a Napoleón durante toda la guerra, mientras sus súbditos, los muy capullos, peleaban en su nombre) y fue acogido con entusiasmo por las masas, debidamente acondicionadas desde los púlpitos, al significativo grito de *¡Vivan las caenas!* (hasta el punto de que, cuando entró en Madrid, el pueblo ocurrente y dicharachero tiró del carruaje en sustitución de las mulas, evidenciando la vocación hispana del momento). En éstas, los liberales más perspicaces, viendo venir la tostada, empezaron a poner pies en polvorosa rumbo a Francia o Inglaterra. Los otros, los pardillos que creían que Fernando iba a tragarse una Pepa que le limitaba poderes y le apartaba a los obispos y canónigos de la oreja (su nefasto consejero principal era precisamente un cura llamado Escóiquiz), se presentaron ante el rey con toda ingenuidad, los muy pringados, y éste los fulminó en un abrir y cerrar de ojos: anuló la Constitución, disolvió las Cortes, cerró las universidades y metió en la cárcel a cuantos pudo, lo mismo a los partidarios de un régimen constitucional que a los que se habían afrancesado con Pepe Botella. Hasta Goya, como dijimos, tuvo que huir a Francia. Por supuesto, en seguida vino el ajuste de cuentas a la española: todo cristo se apresuró a proclamarse monárquico servil y a delatar al vecino. La represión fue bestial, y así volvió a brillar el sol de las tardes de toros, mantilla y abanico, con todo el país devuelto a los sainetes de Ramón de la Cruz, la inteligencia ejecutada, exiliada o en presidio, el monarca bien rociado de agua bendita y la bajuna España de toda la vida de nuevo católica, apostólica y romana. Manolo Escobar no cantaba *Mi carro* y *El porompompero* porque el gran Manolo no había nacido todavía, pero por ahí andaba la cosa en nuestra patria cañí. Aunque, por supuesto, no faltaron hombres buenos: gente con ideas y con agallas que se rebeló contra el absolutismo y la desvergüenza monárquica en conspiraciones liberales que, en el Estado policial en que se había convertido esto, acabaron todas fatal. Muchos eran veteranos de la Guerra de la Independencia, como el ex guerrillero Espoz y Mina, y le echaron huevos diciendo que no habían luchado seis años para que España acabara así de infame. Pero cada intento fue ahogado en sangre, con extrema crueldad. Y nuestra muy hispana vileza tuvo otro ejemplo repugnante: el Empecinado, uno de los más populares guerrilleros contra los franceses, ahora general y héroe nacional, envuelto en una sublevación liberal, fue ejecutado con un ensañamiento estremecedor, humillado ante el pueblo que poco antes lo aclamaba y que ahora lo estuvo insultando mientras iba, montado en un burro al que cortaron las orejas para infamarlo, camino del cadalso.

45. UN ABSOLUTO HIJO DE PUTA

Además de feo —lo llamaban *Narizotas*—, con una expresión torva y fofa, Fernando VII era un malo absoluto, tan perfecto como si lo hubieran fabricado en un laboratorio. Si aquí hubiéramos tenido un Shakespeare de su tiempo, nos habría hecho un retrato del personaje que dejaría a Ricardo III, por ejemplo, como un traviesillo cualquiera, un perillán de quiero y no puedo. Porque además de mal encarado —que de eso nadie tiene la culpa—, nuestro Fernando VII era cobarde, vil, cínico, hipócrita, rijoso, bajuno, abyecto, desleal, embustero, rencoroso y vengativo. Resumiendo, era un hijo de puta con ático, piscina y garaje. Y fue él, con su cerril absolutismo, con su perversa traición a quienes en su nombre —estúpidos y heroicos pardillos— lucharon contra los franceses creyendo hacerlo por la libertad, con su carnicera persecución de cuanto olía a Constitución, quien clavó a martillazos la tapa del ataúd donde España se metió a sí misma durante los dos siglos siguientes, y que todavía sigue ahí como siniestra advertencia de que, en esta tierra maldita en la que Caín nos hizo el *deneí*, la infamia nunca muere. Por supuesto, como aquí suele pasar con la mala gente, Narizotas murió en la cama. Pero antes reinó durante veinte desastrosos años en los que nos puso a punto de caramelo para futuros desastres y guerras civiles que, durante aquel siglo y el siguiente, serían nuestra marca de fábrica. Nuestra marca España. Sostenido por la Iglesia y los más cerriles conservadores, apoyado en una camarilla de consejeros analfabetos y oportunistas, aquel Borbón instauró un Estado policial con el objeto exclusivo de reinar y sobrevivir a cualquier precio. Naturalmente, los liberales habían ido demasiado lejos en sus ideas y hechos como para resignarse al silencio o el exilio, así que conspiraron, y mucho. España vivió tiempos que habrían hecho la fortuna de un novelista a lo Dumas —Galdós era otra cosa—, si hubiéramos tenido de esa talla: conspiraciones, desembarcos nocturnos, sublevaciones, señoras guapas y valientes bordando banderas constitucionales... No faltó de nada. Durante dos décadas, esto fue un trágico folletín protagonizado por el clásico triángulo español: un malo de película, unos buenos heroicos y torpes, y un pueblo embrutecido, inculto y gandumbas que se movía según le comían la oreja, y al que bastaba, para ponerlo de tu parte, un poquito de música de verbena, una corrida de toros, un sermón de misa dominical o una arenga en la plaza del pueblo a condición de que el tabaco se repartiera gratis. Las rebeliones liberales contra el absolutismo regio se sucedieron con mala fortuna y fueron reprimidas a lo bestia, hasta que, en 1820, la tropa que debía embarcarse para combatir la rebelión de las colonias americanas (de eso hablaremos en otro capítulo) pensó que mejor verse liberal aquí que escabechada en Ayacucho, y echó un órdago con lo que se llamó sublevación de Riego, por el general que los mandaba. Eso le puso la cosa chunga al rey, porque el movimiento se propagó hasta el punto de que Narizotas se vio obligado, tragando quina Santa Catalina, a jurar la Constitución que había abolido seis años antes y a decir aquello que ha quedado como frase hecha de la doblez y de la infamia: *Marchemos francamente, y yo el primero, por la senda constitucional.* Se abrió entonces el llamado Trienio Liberal: tres años de gobierno de izquierda, por decirlo en moderno, que fueron una chapuza digna de Pepe Gotera y Otilio; aunque, siendo justos, hay que señalar que al desastre contribuyeron tanto la mala voluntad del rey, que siguió dando por saco bajo cuerda, como la estupidez de los liberales, que favorecieron la reacción con su demagogia y sus excesos. Los tiempos no estaban todavía para perseguir a los curas y acorralar al rey, como pretendían los extremistas. Y así, las voces sensatas, los liberales moderados que veían claro el futuro, fueron desbordados y atacados por lo que podríamos llamar extrema derecha y extrema izquierda. Bastaron tres años para que esa primavera de libertad se fuera al carajo: los excesos revolucionarios ofendieron a todos, gobernar se convirtió en un despropósito, y muchos de los que habían apoyado de buena fe la revolución respiraron con alivio cuando las potencias europeas enviaron un ejército francés —los Cien Mil Hijos de San Luis— para devolver los poderes absolutos al rey. España, por supuesto, volvió a retratarse: los mismos que habían combatido a los gabachos con crueldad durante seis años los aclamaron ahora entusiasmados. Y claro. El rey, que estaba prisionero en Cádiz, fue liberado. Y España se sumió de nuevo, para variar, en su eterna noche oscura.

46. Adiós, América

Y en ésas estábamos, con el infame Fernando VII y la madre que lo parió, cuando perdimos casi toda América. Entre nuestra Guerra de la Independencia y 1836, España se quedó sin la mayor parte de su imperio colonial americano, a excepción de Cuba y Puerto Rico. La cosa había empezado mucho antes, con las torpezas coloniales y la falta de visión ante el mundo moderno que se avecinaba; y aunque en las Cortes de Cádiz y la Pepa de 1812 participaron diputados americanos, el divorcio era inevitable. La ocasión para los patriotas de allí (léase oligarquía criolla partidaria, con razón, de buscarse ella la vida y que los impuestos a España los pagara Rita la Cantaora) vino con el desmadre que supuso la guerra en la Península, que animó a muchos americanos a organizarse por su cuenta, y también por la torpeza criminal con que el rey Narizotas, a su regreso de Francia, reprimió toda clase de libertades, incluidas las que allí habían empezado a tomarse. Antes de eso hubo un bonito episodio, que fueron las invasiones británicas del Río de la Plata. Los ingleses, siempre dispuestos a trincar cacho y establecerse en la América hispana, atacaron dos veces Buenos Aires, en 1806 y 1807; pero allí, entre españoles de España y argentinos locales, les dieron de hostias hasta en el cielo de la boca: una de esas somantas gloriosas —como aquella que se llevó Nelson en Tenerife— que los británicos, siempre hipócritas cuando les sale el cochino mal capado, procuran escamotear de los libros de historia. Sin embargo, esa golondrina solidaria no hizo verano. En los años siguientes, aprovechando el caos español, ingleses y norteamericanos removieron la América hispana, mandando soldados mercenarios, alentando insurrecciones y sacando tajada comercial. El desastre que era España en ese momento —desde Trafalgar, ni barcos suficientes teníamos— lo puso a huevo. Aun así, la resistencia realista frente a los que luchaban por la independencia fue dura, tenaz y cruel. Y con caracteres de guerra civil, además; ya que, tres siglos y pico después de Colón, buena parte de los de uno y otro bando habían nacido en América (en Ayacucho, por ejemplo, no llegaban a novecientos los soldados realistas nacidos en España). El caso es que a partir de la sublevación de Riego de 1820 ya no se mandaron más ejércitos españoles al otro lado del Atlántico —los soldados se negaban a embarcar—, y los virreyes de allí tuvieron que apañarse con lo que tenían. En todo caso, hasta las batallas de Ayacucho (Perú, 1824) y Tampico (México, 1829) y la renuncia española de 1836 (a los tres años de palmar, por fin, Fernando VII), la guerra prosiguió con extrema bestialidad a base de batallas, ejecuciones de prisioneros y represalias de ambos bandos. No fue, desde luego, una guerra simpática. Ni fácil. Hubo altibajos, derrotas y victorias para unos y otros. Hasta los realistas, muy a la española, llegaron alguna vez a matarse entre ellos. Hubo inmenso valor y hubo cobardías y traiciones. Las juntas que al principio se habían creado para llenar el vacío de poder en España durante la guerra contra Napoleón se fueron convirtiendo en gobiernos nacionales, pues de aquel largo combate, aquella ansia de libertad y aquella sangre empezaron a surgir las nuevas naciones hispanoamericanas. Fulanos ilustres como el general San Martín, que había luchado contra los franceses en España, o el gran Simón Bolívar, realizaron proezas bélicas y asestaron golpes mortales al aparato militar español. El primero cruzó los Andes y fue decisivo para las independencias de Argentina, Chile y Perú, y luego cedió sus tropas a Bolívar, que acabó la tarea del Perú, liberó Venezuela y Nueva Granada, fundó las repúblicas de Bolivia y Colombia, y con el zambombazo de Ayacucho, que ganó su mariscal Sucre, les dio la puntilla a los realistas. Bolívar también intentó crear una federación hispanoamericana como Dios manda, en plan Estados Unidos; pero eso era complicado en una tierra como aquélla, donde la insolidaridad, la envidia y la mala leche naturales de la madre patria habían hecho larga escuela. Como dicen los clásicos, cada perro prefería lamerse su propio cipote. No hubo unidad, por tanto; pero sí nuevos países en los que, como suele ocurrir, el pueblo llano, los indios y la gente desfavorecida se limitaron a cambiar unos amos por otros; con el resultado de que, en realidad, siguieron puteados por los de siempre. Y salvo raras excepciones, así continúan: como un hermoso sueño de libertad y justicia nunca culminado. Con el detalle de que ya no pueden echarles la culpa a los españoles, porque llevan doscientos años gobernándose ellos solos.

47. Dios, patria, rey

Para vergüenza de los españoles de su tiempo y del de ahora —porque no sólo se hereda el dinero, sino también la ignominia—, Fernando VII murió en la cama, tan campante. Por delante nos dejaba todavía dos tercios de siglo XIX que iban a ser de indiscutible progreso industrial, económico y político (tendencia natural en todos los países más o menos avanzados de la Europa de entonces), pero desastrosos en los hechos y la estabilidad de España, con guerras internas y desastre colonial como postre. Un siglo, aquél, cuyas consecuencias se prolongarían hasta muy avanzado el XX, y del que la Guerra Civil del 36 y la dictadura franquista fueron lamentables consecuencias. Todo empezó con el gobierno de la viuda de Fernando, María Cristina; que, siendo la heredera Isabelita menor de edad —tenía tres años la criatura—, se hizo cargo del asunto. Con eso empezó la bronca, porque el hermano del rey difunto, don Carlos (que sale de jovencito en el retrato de familia de Goya), reclamaba el trono para él. Esa tensión dinástica acabó aglutinando en torno a la reina regente y el pretendiente despechado las ambiciones de unos y las esperanzas de buen gobierno o de cambio político y social de otros. La cosa terminó siendo, como todo en España, asunto habitual de bandos y odios africanos, de nosotros y ellos, de conmigo o contra mí. Se formaron así los bandos carlista y cristino, luego isabelino. Dicho a lo clásico, conservadores y liberales; aunque esas palabras, pronunciadas a la española, estuvieran llenas de matices. El bando liberal, sostenido por la burguesía moderna y por quienes sabían que en la apertura se jugaban el futuro, estaba lejos de verse unido: eso habría sido romper añejas y entrañables tradiciones hispanas. Había progres de andar por casa, de objetivos suaves, más bien de boquilla, próximos al trono de María Cristina y su niña, que acabaron llamándose moderados; y también los había más serios, incluso revolucionarios tranquilos o radicales, dispuestos a hacer que a España en pocos años no la conociera ni la madre que la parió. Estos últimos eran llamados progresistas. En el bando opuesto, como es natural, militaba la carcundia con solera: la España monárquica y meapilas de toda la vida. Ahí, en torno a los carlistas, cuyo lema *Dios, patria, rey* —con Dios, ojo al dato, siempre por delante— acabaría resumiéndolo todo, se alinearon los elementos más reaccionarios. Por supuesto, a este bando carca se apuntaron la Iglesia (o buena parte de ella, para la que todo liberalismo y constitucionalismo seguía oliendo a azufre) y quienes, sobre todo en Navarra, País Vasco, Cataluña y Aragón pretendían mantener a toda costa sus fueros, privilegios locales de origen medieval, y llevaban dos siglos oponiéndose a toda modernización unitaria del Estado, pese a que eso era lo que entonces se estilaba en Europa. Esto acabó alumbrando las guerras carlistas —de las que hablaremos en otro capítulo— y una sucesión de golpes de mano, algaradas y revoluciones que tuvieron a España en ascuas durante la minoría de edad de la futura Isabel II, y luego durante su reinado, que también fue para echarle de comer aparte. Una de las razones de este desorden fue que su madre, María Cristina, enfrentada a la amenaza carlista, tuvo que apoyarse en los políticos liberales. Y lo hizo al principio en los más moderados, con lo que los radicales, que mojaban poco, montaron el cirio pascual. Hubo regateos políticos y gravísimos disturbios sociales con quema de iglesias y degüello de sacerdotes, y en 1837 se acabó pariendo una nueva Constitución que, respecto a la Pepa del año 12, venía sin cafeína y no satisfizo a nadie. De todas formas, uno de los puntazos que se marcó el bando progresista fue la Desamortización de Mendizábal: un jefe de gobierno que, echándole pelotas, hizo que el Estado se incautara de las propiedades eclesiásticas que no generaban riqueza para nadie —la Iglesia poseía una tercera parte de las tierras de España—, las sacara a subasta pública, y la burgucsía trabajadora y emprendedora, que decimos ahora, pudiera adquirirlas para ponerlas en valor y crear riqueza pública. Al menos, en teoría. Esto, claro, sentó a los obispos como una patada bajo la sotana y reforzó la fobia antiliberal de los más reaccionarios. Ése, más o menos, era el paisaje mientras los españoles nos metíamos de nuevo, con el habitual entusiasmo, en otra infame, larga y múltiple guerra civil de la que, tacita a tacita, fueron emergiendo las figuras que habrían de tener mayor peso político en España en el siglo y medio siguiente: los mílites gloriosos. O sea, el Ejército y sus generales.

48. Espadones, dinero y curas trabucaires

Las guerras carlistas fueron tres, a lo largo del siglo XIX, y dejaron a España a punto de caramelo para una especie de cuarta guerra carlista, llevada luego más al extremo y a lo bestia, que sería la de 1936 (y también para el sucio intento de una quinta, el terrorismo de ETA del siglo XX, en el que para cierta estúpida clase de vascos y vascas, clero incluido, Santi Potros, Pakito, Josu Ternera y demás chusma asesina serían generales carlistas reencarnados). De todo eso iremos hablando cuando toque, porque de momento estamos en 1833, empezando la cosa, cuando en torno al pretendiente don Carlos se agruparon los partidarios del trono y el altar, los contrarios a la separación Iglesia-Estado, los que estaban hasta el cimbel de que los crujieran a impuestos y los que, sobre todo en el País Vasco, Navarra, Aragón y Cataluña, querían recobrar los privilegios forales suprimidos por Felipe V: el norte de España más o menos hasta Valencia, aunque las ciudades siguieron siendo liberales. El movimiento insurreccional arraigó sobre todo en el medio rural, entre pequeños propietarios arruinados y campesinos analfabetos, fáciles de llevar al huerto con el concurso del clero local, los curas de pueblo que cada domingo subían al púlpito para poner a parir a los progres de Madrid: *Hablad en vasco* —decían, y no recuerdo ahora si el testimonio es de Baroja o de Unamuno—, *que el castellano es la lengua de los liberales y del demonio.* Con lo que pueden imaginarse la peña y el panorama. La finura ideológica. En el otro bando, cerca de la regente Cristina y de su niña Isabelita, que tantas horas de gloria privada y pública iba a darnos pronto, se situaban, en general, los políticos progresistas y liberales, los altos mandos militares, la burguesía urbana y los partidarios de la industrialización, el progreso social y la modernidad. O sea, el comercio, los sables y el dinero. Y también (nunca hay que poner todos los huevos en el mismo cesto) algunas altas jerarquías de la Iglesia católica situadas cerca de los núcleos de poder del Estado; que, aunque de corazón estaban más con los de Dios, patria y rey, tampoco veían con buenos ojos a aquellos humildes párrocos broncos y sin afeitar: esos curas trabucaires que, sin el menor complejo, se echaban al monte con boina roja, animaban a fusilar liberales y se pasaban por el prepucio las mansas exhortaciones pastorales de sus obispos, que eran gente más tranquila, oficialista y pastelera. El caso es que la sublevación carlista, léase (simplificando la cosa, claro, esto no es más que un capítulo de folio y medio) campo contra ciudad, fueros contra centralismo, tradición frente a modernidad, meapilas contra liberales y otros etcéteras, acabaría siendo un desparrame sanguinario a nuestro clásico estilo, donde las dos Españas, unidas en la vieja España de toda la vida, la de la violencia, la delación, el odio y la represalia infame, estallaron y ajustaron cuentas sin distinción de bandos en lo que a vileza e hijoputez se refiere, fusilándose incluso a madres, esposas e hijos de los militares enemigos; mientras que por arriba, como ocurre siempre, alrededor de don Carlos, de la regente y la futura Isabel II, unos y otros, generales y políticos con boina o sin ella, disfrazaban el mismo objetivo: hacerse con el poder y establecer un despotismo hipócrita que sometiera a los españoles a los mismos caciques de toda la vida. A los trincones y mangantes enquistados en nuestro tuétano desde que el cabo de la Nao era soldado raso. En uno de sus *Episodios nacionales,* por cierto, lo expresaba muy bien Galdós: *La pobre y asendereada España continuaría su desabrida historia dedicándose a cambiar de pescuezo, en los diferentes perros, los mismos dorados collares.* Y en fin. Como lo de los carlistas fue muy importante en nuestra historia, el desarrollo de la cosa militar, Zumalacárregui, Cabrera, Espartero y compañía, lo dejaremos para otro capítulo. De momento recurramos a un escritor que también trató el asunto, Pío Baroja, que era vasco y cuya simpatía por los carlistas puede resumirse en dos citas. Una: *El carlista es un animal de cresta colorada que habita el monte y que de vez en cuando baja al llano al grito de ¡rediós!, atacando al hombre.* Y la otra: *El carlismo se cura leyendo, y el nacionalismo, viajando.* Un tercer aserto vale para ambos bandos: *Europa acaba en los Pirineos.* Con tales antecedentes, se comprende que en el año 1936 Baroja tuviera que refugiarse en Francia, huyendo de los carlistas que querían agradecerle las citas; aunque, de haber estado en zona republicana, el tiro se lo habrían pegado los otros. Detalle también muy nuestro: como criticaba por igual a unos y a otros, era intensamente odiado por unos y por otros, con todas las papeletas de la rifa para ganarse a pulso el españolísimo título de fusilable, sí o sí. O sea, que sí.

49. Otro ajuste de cuentas

Pues ahí estábamos, dándonos otra vez palos entre nosotros para no faltar a la costumbre, en plena primera guerra carlista. En la que, para rizar nuestro propio rizo histórico de disparates, se daba una curiosa paradoja: el pretendiente don Carlos, que era muy de misa de ocho y pretendía imponer en España un régimen absolutista y centralista, era apoyado sobre todo por navarros, vascos y catalanes, allí donde el celo por los privilegios forales y la autonomía política y económica, diciéndolo en moderno, era más fuerte. O sea, que la mayor parte de las tropas carlistas, con tal de reventar al gobierno liberal de Madrid, luchaba apoyando a un rey que, cuando reinara, si era fiel a sí mismo, les iba a meter los fueros por el ojete. Pero la lógica, la coherencia y otras cosas relacionadas con la palabra *pensar,* como hemos visto en los capítulos anteriores de esta bonita y edificante historia, siempre fueron inusuales aquí. Lo importante era ajustar cuentas; que sigue siendo, con guerras civiles o sin ellas, con escopeta o con pase usted primero, nuestro deporte nacional. Y a ello se dedicaron unos y otros, carlistas y liberales, con el entusiasmo que para esas cosas, fútbol aparte, solemos desplegar los españoles. Todo empezó como sublevación y guerrillas —había mucha práctica desde la guerra contra Napoleón—, y luego se formaron ejércitos organizando las partidas dispersas, con los generales carlistas Zumalacárregui en el norte y Cabrera en Aragón y Cataluña. El campo solía ser de ellos; pero las ciudades, donde estaban la burguesía con pasta y la gente más abierta de mollera, permanecieron fieles a la jovencita Isabel II y al liberalismo. Al futuro, dentro de lo que cabe, o a lo que parecía iba a serlo. Don Carlos, que necesitaba una ciudad para capital de lo suyo, estaba obsesionado con tomar Bilbao; pero la ciudad resistió y Zumalacárregui murió durante el asedio, convirtiéndose en héroe difunto por excelencia. En cuanto al otro héroe, Cabrera, lo apodaban el Tigre del Maestrazgo, con lo que está dicho todo: era una verdadera mala bestia. Y cuando los gubernamentales (porque escabechando gente eran tan malas bestias unos como otros) fusilaron a su madre sin otra razón que serlo, él puso en el paredón a las mujeres de varios oficiales enemigos, donde las dan las toman, y luego se fumó un puro. Ése era el tono general del asunto, el estilo de la cosa, represalia sobre represalia, tan español todo que hasta lo hace a uno sonreír de ternura patria (a quien le apetezca ver imágenes de esa guerra, que teclee en Internet y busque los cuadros de Ferrer-Dalmau, que tiene un montón de ellos sobre episodios bélicos carlistas). No podían faltar, por otra parte, las potencias extranjeras mojando pan en la salsa y fumándose nuestro tabaco: al pretendiente don Carlos, como es lógico, lo apoyaron los países más carcas y autoritarios de Europa, que eran Rusia, Prusia y Austria; y al gobierno liberal cristino, que luego fue de Isabel II, lo respaldaron, incluso con tropas, Portugal, Inglaterra y Francia. Como detalle folklórico bonito podemos señalar que cada vez que los carlistas trincaban vivo a un extranjero que luchaba junto a los liberales, o viceversa los del otro bando, lo ponían mirando a Triana. Eso suscitó protestas diplomáticas, sobre todo de los ingleses, siempre tan susceptibles cuando los matan a ellos; aunque ya pueden imaginar por dónde se pasaban aquí las protestas, en un país del que Richard Ford, hablando precisamente de la guerra carlista, había escrito: *Los españoles han sido siempre muy crueles. Marcial los llamaba salvajes. Aníbal, que no era tan benigno, ferocísimos;* añadiendo, para dejar más nítida la cosa: *Cada vez que parece que pudiera ocurrir algo inusual, los españoles matan a sus prisioneros. A eso lo llaman «asegurar los prisioneros».* Y, bueno. Fue en ese delicioso ambiente como transcurrieron, no una, sino tres guerras carlistas que marcarían, y no para bien, la vida política española del resto de ese siglo y parte del siguiente. La primera acabó después de que el general liberal Espartero venciera en la batalla de Luchana, a lo que siguió el llamado Abrazo de Vergara, cuando él y el carlista Maroto se besaron con lengua y pelillos a la mar, compadre, vamos a llevarnos bien y qué hay de lo mío. La segunda, más suave, vino luego, cuando fracasó el intento de casar a Isabelita II con su primo el hijo de don Carlos. Y la tercera, gorda otra vez, estalló más tarde, en 1872, cuando la caída de Isabel II, la revolución y el desparrame. Pero antes ocurrieron cosas que contaremos en el siguiente capítulo. Entre ellas, una fundamental: las guerras carlistas llevaron a los militares que las habían peleado a intervenir mucho en política. Y como escribió Larra, que tenía buen ojo, *Dios nos libre de caer en manos de héroes.*

50. En manos de héroes

Para hacerse idea de lo que fue nuestro siglo XIX y lo poco que los españoles nos aburrimos en él, basta con mirar las cronologías. Si en el siglo anterior sufrimos a cinco reyes con una forma de gobierno que, mala o buena, fue una sola, en este otro, sumando reyes, regentes, reinas, novios de la reina, novios del rey, presidentes de república y generales que pasaban por allí, incluidas guerras carlistas y coloniales, tuvimos dieciocho formas de gobierno diferentes, solapadas, mixtas, opuestas, combinadas o mediopensionistas. Ese siglo fue la más desvergonzada cacería por el poder que, aun conociendo muchas, conoce nuestra historia. Las famosas desamortizaciones, que en el papel sonaban estupendas, sólo habían servido para que tierras y otros bienes pasaran de manos eclesiásticas a manos particulares, reforzando el poder económico de la oligarquía que cortaba el bacalao. Pero los campesinos vivían en una pobreza mayor, y la industrialización que llegaba a los grandes núcleos urbanos empezaba a crear masas proletarias, obreros mal pagados y hambrientos que rumiaban un justificado rencor. Mientras, en Madrid, no tan infame como su padre Fernando VII —eso era imposible, incluso en España—, pero heredera de la duplicidad y la lujuria de aquel enorme hijo de puta, la reina Isabel II, Isabelita para los amigos y los amantes militares o civiles que desfilaban por la alcoba real, seguía cubriéndonos de gloria. La cosa había empezado mal en el matrimonio con su primo Francisco de Asís de Borbón; que no es ya que fuera homosexual normal, de infantería, sino que era maricón de concurso y con geranios en la ventana, hasta el punto de que la noche de bodas llevaba más encajes y puntillas que la propia reina. Eso no habría importado en otra coyuntura, pues cada cual es dueño de llevar las puntillas que le salgan del canuto; pero en caso de un matrimonio regio, y en aquella España desventurada e incierta, el asunto trajo mucha cola, mucho putiferio y mucho escándalo. De una parte, porque el rey Paquito tenía su camarilla, sus amigos, sus enchufados y sus conspiraciones, y eso desprestigiaba más a la monarquía. De la otra, porque los matrimonios reales están, sobre todo, para asegurar herederos que justifiquen la continuidad del tinglado, el palacio, el sueldo regio y la familia. Y de postre, porque Isabelita (que no era una lánguida Sissí emperatriz, sino todo lo contrario) nos salió muy aficionada a los intercambios carnales, y acabó, o más bien empezó pronto, alternando la regia bisectriz con diversos mozos de buena planta; hasta el punto de que de los once hijos que parió —y le vivieron seis— casi nunca tuvo dos seguidos del mismo padre. Que ya es currárselo. Lo que, detalle simpático, valió a nuestra reina esta elegante definición del papa Pío Nono: *Es puta, pero piadosa.* Lo que sitúa el asunto en su contexto. Entre esos padres diversos se contaron, así por encima, gente de palacio, varios militares —a la reina la ponían mucho los generales— y un secretario particular. Por cierto, y como detalle técnico de importancia decisiva más adelante, apuntaremos que el futuro Alfonso XII (el de dónde vas triste de ti y el resto de la copla) era hijo de un guapísimo ingeniero militar llamado Enrique Puigmoltó. En lo político, mientras tanto, los reyes de aquellos tiempos no eran como los de ahora: mojaban en todas las salsas, poniendo y quitando gobiernos. En eso Isabel II se enfangó hasta el real pescuezo, unas veces por necesidades de la coyuntura política y otras por caprichos personales, pues la chica era de aquella manera. Y para complicar el descojono estaban los militares salidos de las guerras carlistas —los héroes de los que Larra aconsejaba desconfiar—, que durante todo el período isabelino se hicieron sitio con pronunciamientos, insubordinaciones y chulería. La primera guerra carlista, por cierto, había acabado de manera insólita en España: fue la única de nuestras contiendas civiles en la que oficialmente no hubo vencedores ni vencidos, pues tras el Abrazo de Vergara los oficiales carlistas se integraron en las fuerzas armadas nacionales conservando sueldos y empleos, en un acto de respeto entre antiguos enemigos y de reconciliación inteligente y ejemplar que, por desgracia, no repetiríamos hasta 1976 —y que en 2019 parecemos obstinados en reventar de nuevo—. De todas formas, el virus militar ya estaba allí. Los generales protagonistas empezaron a participar activamente en política, y entre ellos destacaron tres, Espartero, O'Donnell y Narváez (todos con nombre de calle en Madrid hasta que alguien los cambie por *calle de Las Personas Huma-*

nas o *calle de La Fraternidad y el Buen Rollito*), de los que hablaremos en el siguiente capítulo de nuestra siempre apasionante, lamentable y muy hispana historia.

51. La oligarquía se pone las botas

El reinado de Isabel II fue un continuo sobresalto: un putiferio de dinero sucio y ruido de sables. Un disparate llevado a medias entre una reina casi analfabeta, caprichosa y aficionada a los sementales de palacio, unos generales ambiciosos y levantiscos, y unos políticos corruptos que, aunque a menudo se odiaban entre sí, generales incluidos, podían ponerse de acuerdo durante opíparas comidas en Lhardy para repartirse el negocio. Entre bomberos, decían, no vamos a pisarnos la manguera. Eso fue lo que más o menos ocurrió con un invento que se montaron, tras mucha ida y venida, pronunciamientos militares y revolucioncitas parciales (aunque ninguna de verdad, con guillotina o Ekaterimburgo para los golfos, como Dios manda), los dos espadones llamados Narváez y O'Donnell, con el acuerdo del tercero llamado Espartero, para inventarse dos partidos, liberal y moderado, que se fueran alternando en el poder; y así todos disfrutaron, por turnos, más a gusto que un arbusto. Llegaba uno, despedía a los funcionarios que había puesto el otro —cesantes, era la palabra— y calzaba a sus parientes, amigos y compadres. Al siguiente turno llegaba el otro, despedía a los de antes y volvían los suyos. Etcétera. Así, tan ricamente, con vaselina, aquella pandilla de sinvergüenzas se fue repartiendo España durante cierto tiempo, incluidos jefes de gobierno sobornados por banqueros extranjeros, y farsas electorales con votos comprados y garrotazo al que no. De vez en cuando, los que no mojaban suficien-

141

te, e incluso gente honrada, que —aunque menos— siempre hubo, cantaban espadas o bastos con revueltas, pronunciamientos y cosas así, que se zanjaban con represión, destierros al norte de África, Canarias o Filipinas —todavía quedaban algunas colonias—, cuerdas de presos y otros bonitos sucesos (todo eso lo contaron muy bien Galdós, en sus *Episodios nacionales,* y Valle-Inclán, en su serie *El ruedo ibérico;* así que si los leen me ahorran entrar en detalles). Mientras tanto, con aquello de que Europa iba hacia el progreso, y España, pintoresco apéndice de esa Europa, no podía quedarse atrás, lo cierto es que la economía en general, por lo menos la de quienes mandaban y trincaban, fue muy a mejor por esos años. La oligarquía catalana se forró el riñón de oro con la industria textil; y en cuanto a sublevaciones e incidentes, cuando había agitación social en Barcelona la bombardeaban un poco y hasta luego Lucas, para gran alivio de la alta burguesía local —en ese momento, ser español era buen negocio—, que todavía no tenía cuentas en Andorra y Liechtenstein y, claro, se ponía nerviosa con los sudorosos obreros (Espartero disparó sobre la ciudad mil bombas; pero Prim, que era catalán, cinco mil). Por su parte, los vascos —entonces se llamaba aquello Provincias Vascongadas—, salvo los conatos carlistas, estaban tranquilos; y como aún no deliraba el imbécil de Sabino Arana con su murga de vascos buenos y españoles malvados, y la industrialización, sobre todo metalúrgica, daba trabajo y riqueza, a nadie se le ocurría hablar de independencia ni pegarles tiros en la nuca a españolistas, guardias civiles y demás txakurras. Quiero decir, resumiendo, que la burguesía y la oligarquía vasca y catalana, igual que las de Murcia o las de Cuenca, estaban integradas en la parte rentable de aquella España que, si bien renqueante, iba hacia la modernidad. Surgían ferrocarriles, minas y bancos, la clase alta terrateniente, financiera y especuladora cortaba el bacalao,

142

la burguesía creciente daba el punto a las clases medias, y por debajo de todo —ése era el aspecto negro de la cosa—, las masas obreras y campesinas analfabetas, explotadas y manipuladas por los patronos y los caciques locales, iban quedándose fuera de toda aquella desigual fiesta nacional, descolgadas del futuro, entregando para guerras coloniales a los hijos que necesitaban para arar el campo o llevar un pobre sueldo a casa. Eso generaba una intensa mala leche que, frenada por la represión policial y los jueces corruptos, era aprovechada por los políticos para hacer demagogia y jugar sus cochinas cartas sin importarles que se acumularan asuntos no resueltos, injusticias y negros nubarrones. Como ejemplo de elocuencia frívola y casi criminal, valga esta cita de aquel periodista y ministro de Gobernación que se llamó Luis González Brabo, notorio chaquetero político, represor de libertades, enterrador de la monarquía y carlista in artículo mortis: *La lucha pequeña y de policía me fastidia. Venga algo gordo que haga latir la bilis. Entonces tiraremos resueltamente del puñal y nos agarraremos de cerca y a muerte.* Eso lo dijo en un discurso, sin despeinarse. Tal cual. El muy cabrón irresponsable.

52. Vientos del pueblo

En los últimos años del reinado de Isabel II, la degradación de la vida política y moral de España convirtió la monarquía constitucional en una ficción grotesca. El poder financiero acumulaba impunemente especulación, quiebras y estafas. Los ayuntamientos seguían en manos de jefes políticos corruptos y la libertad de prensa era imposible. Los gobiernos se pasaban por el escroto las garantías constitucionales, y la peña era traicionada a cada paso, *pueblo halagado cuando se le incita a la pelea y olvidado después de la victoria,* como dijo, ampuloso e hipócrita, uno de aquellos mismos políticos que traicionaban al pueblo y hasta a la madre que lo parió. La gentuza instalada en las Cortes, fajada en luchas feroces por el poder, se había convertido en una pandilla de forajidos políticos. Entre 1836 y 1868 se prolongó la farsa colectiva, aquel engaño electoral basado en unas masas míseras, de una parte, y de la otra unos generaluzos sin escrúpulos conchabados con políticos y banqueros, vanidosos como pavos reales, que falseaban la palabra *democracia* y que, instalados en las provincias como capitanes generales, respaldaban con las bayonetas el poder establecido, o se sublevaban contra él según su gusto, talante y ambiciones. Nadie escuchaba la voz creciente del pueblo, y a éste sólo se le daban palos y demagogia, cuerdas de presos y fusilamientos. Los hijos de los desgraciados iban a la guerra, cuando había una, pero los ricos podían ahorrarles el servicio a sus criaturas pagando para que fuera un pobre en su lugar. Y las absurdas campañas exteriores en que anduvo España en aquel período (invasión de Marruecos, guerra del Pacífico, intervención en México, Conchinchina e Italia para ayudar al papa) eran, en su mayor parte, más para llevar el botijo a las grandes potencias que por interés propio. Desde la pérdida de casi toda América, España era un segundón en la mesa de los fuertes. Los éxitos del, ése sí, prestigioso general Prim (catalán que llevó consigo tropas catalanas, lo que a algunos les fastidia hoy recordar) en el norte de África y el inútil heroísmo de nuestra escuadra del Pacífico fueron jaleados como hazañas bélico-patrióticas, glosadas hasta hacerle a uno echar la pota por la prensa sobornada por quienes mandaban, confirmando que el patriotismo radical es el refugio de los sinvergüenzas. Pero por debajo de toda aquella basura monárquica, política, financiera y castrense, algo estaba cambiando.

Convencidos de que las urnas electorales no sirven de nada a un pueblo analfabeto, y de que el acceso de las masas a la cultura es el único camino para el cambio —ya se hablaba de república como alternativa a la monarquía—, algunos heroicos hombres y mujeres se empeñaron en crear mecanismos de educación popular. Escritura, lectura, ciencias aplicadas a las artes y la industria, emancipación de la mujer, empezaron a ser enseñados a obreros y campesinos en centros casi clandestinos. Ayudaron a eso el teatro, muy importante cuando aún no existían la radio ni la tele; y la gran difusión que la letra impresa, el libro, alcanzó por esa época, con novelas y publicaciones de todas clases, que a veces lograban torear a la censura. Se pusieron de moda los folletines por entregas publicados en periódicos, y la burguesía y el pueblo bajo que accedía a la lectura los acogieron con entusiasmo. De ese modo fue asentándose lo que el historiador Josep Fontana describe como *una cultura basada en la crítica de la sociedad existente, con una fuerte carga de antimilitarismo y anticlericalismo.* Y así, junto a los pronunciamientos militares hubo también estallidos revolucionarios serios, como el de 1854, resuelto con metralla, o el de San Gil, zanjado con fusilamientos —el pueblo se quedó solo luchando, como solía—, y creciente conflictividad obrera, como la primera huelga general de nuestra historia, que se extendió por Cataluña ondeando banderas rojas con el lema *Pan y trabajo,* en anuncio de la que iba a caer. Las represiones en el campo y la ciudad fueron brutales; y eso, unido a la injusticia secular que España arrastraba, echó al monte a muchos infelices que se convirtieron en bandoleros a lo Curro Jiménez, pero menos guapos y sin música. Toda aquella agitación preocupaba al poder establecido, y dio lugar a la creación de la Guardia Civil: policía militar nacida para cuidar de la seguridad en el medio rural, pero que muchas veces fue utilizada como fuerza represiva. La monarquía se estaba cayendo a pedazos; y las fuerzas políticas, conscientes de que sólo un cambio evitaría que se les fuera el negocio al carajo, empezaron a aliarse para modificar la fachada, a fin de que detrás nada cambiase. Isabel II sobraba, y la palabra *revolución* empezó a pronunciarse en serio. Que ya era hora.

53. AMADEO LLEGA, MIRA Y SE LARGA

Cosa curiosa, oigan. Con el reinado de Isabel II pendiente de un hilo y una España que políticamente era la descojonación de Espronceda, el nuestro seguía siendo el único país europeo de relevancia que no había tenido una revolución para cargarse a un rey, con lo que esa imagen del español insumiso y machote, tan querida de los viajeros románticos, era más de coplas que de veras. En Gran Bretaña habían decapitado a Carlos I y los franceses habían afeitado en seco a Luis XVI: más revolución, imposible. Por otra parte, Alemania e incluso la católica Italia tenían en su haber interesantes experiencias republicanas. Sin embargo, en esta España de incultura, sumisión y misa diaria, los reyes, tanto los malvados como los incompetentes —de los normales apenas hubo—, morían en la cama. Tal fue el caso de Fernando VII, el más repugnante de todos; pero, y esta vez sería la excepción, no iba a ser así con Isabel II, su hija. Los caprichos y torpezas de ésta, la chulería de los militares, la desvergüenza de los políticos aliados con banqueros o sobornados por ellos, la crisis financiera, llegaban al límite. Toda España estaba hasta la línea de Plimsoll, y aquello no se sostenía ni con novenas a la Virgen. La torpe reina, acostumbrada a colocar en el gobierno a sus amantes, tenía en contra a todo el mundo. Así que al final los espadones, dirigidos por el prestigioso general Prim, montaron el pifostio, secundados por juntas revolucionarias de paisanos apoyadas por campesinos arruinados o jornaleros en paro. Las fuerzas leales a la reina se retiraron después de una indecisa batalla en el puente de Alcolea; e Isabelita, que estaba de vacaciones en el Norte con Marfori —su último chuloputas—, hizo los baúles rumbo a Francia. Por supuesto, en cuanto triunfó la revolución, y las masas (creyendo que el cambio iba en serio, los pardillos) se desahogaron ajustando cuentas en un par de sitios, lo primero que hicieron los generales fue desarmar a las juntas revolucionarias y decirles: claro que sí, compadre, lo que tú digas, viva la revolución y todo eso, naturalmente; pero ahora te vas a tu casa y te estás allí tranquilo, y el domingo a los toros, que todo queda en buenas manos. O sea, en las nuestras. Y no se nos olvida eso de la república, en serio; lo que pasa es que esas cosas hay que meditarlas despacio, chaval. ¿Capisci? Así que ya iremos viendo. Mientras, provisionalmente, vamos a buscar otro rey. Etcétera. Y a eso se pusieron. A buscar para España otro rey al que endilgarle esta vez una monarquía más constitucional, con toques progresistas y otros suavizantes Mimosín. Lo mismo de antes, en realidad, pero con aire más moderno —la mujer, por supuesto, no votaba—, y con ellos, los mílites gloriosos y sus compadres de la pasta, cortando como siempre el bacalao. Don Juan Prim, que era general y era catalán, dirigía el asunto, y así empezó la búsqueda patética de un rey que llevarnos al trono. Y digo patética porque, mientras a finales del siglo XVII había literalmente hostias para ser rey de España, y por eso hubo la Guerra de Sucesión, esta vez el trono de Madrid no lo quería nadie ni regalado. Amos, anda, tía Fernanda, decían las cortes europeas. Que ese marrón se lo coma vuestro padre. Al fin, Prim logró engañar al hijo del rey de Italia, Amadeo de Saboya, que —pasado de copas, imagino— le compró la moto. Y se vino. Y lo putearon entre todos de una manera que no está en los mapas: los partidarios de Isabel II y de su hijo Alfonsito, llamándolo usurpador; los carlistas, llamándolo lo mismo; los republicanos, porque veían que les habían jugado la del chino; los católicos, porque Amadeo era hijo del rey que, para unificar Italia, le había dado leña al papa; y la gente en general, porque les caía gordo. En realidad Amadeo era un chico bondadoso, liberal, con intenciones parecidas a las de aquel José Bonaparte de la Guerra de la Independencia. En principio, un buen tío. Pero claro. En la España de navaja, violencia, envidia y mala leche de toda la vida, eso no podía funcionar nunca. La aristocracia se lo tomaba a cachondeo, las duquesas se negaban a ser damas de palacio y se ponían mantilla para demostrar lo castizas que eran, y la peña se choteaba del acento italiano del rey y de sus modales democráticos. Y encima, a Prim, que lo trajo, se lo habían cargado de un trabucazo antes de que el Saboya —imaginen las rimas con el apellido— tomara posesión. Así que, hasta las pelotas de nosotros, Amadeo hizo las maletas y nos mandó a tomar por saco. Dejando, en su abdicación, un lúcido diagnóstico del paisaje que sigue siendo exacto siglo y medio después: *Si al menos fueran extranjeros los enemigos de España, todavía. Pero no. Todos los que con la espada, con la pluma, con la palabra, agravan y perpetúan los males de la Nación son españoles.*

54. Cargándonos la Primera República

Y entonces, tatatachán, chin, pun, señoras y caballeros, con Isabel II en el exilio gabacho, llegó nuestra primera república. Llegó, y ahí radica la evolución posterior del asunto, en un país donde seis de cada diez fulanos eran analfabetos (en Francia lo eran tres de cada diez), y donde 13.405 concejales de ayuntamiento y 467 alcaldes no sabían leer ni escribir. En aquella pobre España sometida a generales, obispos y especuladores financieros, la política estaba en manos de jefes de partidos sin militancia ni programa, y las elecciones eran una farsa. La educación pública había fracasado de modo estrepitoso ante la indiferencia criminal de la clase política: la Iglesia seguía pesando muchísimo en la enseñanza, 6.000 pueblos carecían de escuela, y de los 12.000 maestros censados, la mitad se clasificaba oficialmente como *de escasa instrucción*. Tela. En nombre de las falsas conquistas liberales, la oligarquía político-financiera, nueva dueña de las propiedades rurales —que tanto criticó hasta que fueron suyas—, arruinaba a los campesinos, empeorando, lo que ya era el colmo, la mala situación que éstos habían tenido bajo la Iglesia y la aristocracia. En cuanto a la industrialización, que otros países europeos encaraban con eficacia y entusiasmo, en España se limitaba a Cataluña, el País Vasco y zonas periféricas como Málaga, Alcoy y Sevilla, por iniciativa privada de empresarios que, como señala el historiador Josep Fontana, *no tenían capacidad de influir en la actuación de unos dirigentes que no sólo no prestaban apoyo a la industrialización, sino que la veían con desconfianza*. Ese recelo estaba motivado, precisamente, por el miedo a la revolución. Talleres y fábricas, a juicio de la clase dirigente española, eran peligroso territorio obrero; y éste, cada vez más sembrado por las ideas sociales que recorrían Europa, empezaba a dar canguelo a los oligarcas, sobre todo tras lo ocurrido con la Comuna de París, que había acabado en una sarracina sangrienta. De ahí que el atraso industrial y la sujeción del pueblo al medio agrícola y su miseria (controlable con una fácil represión confiada a caciques locales, partidas de la porra y Guardia Civil) no sólo fueran consecuencia de la dejadez nacional, sino también objetivo buscado deliberadamente por buena parte de la clase política, según la idea expresada unos años atrás por Martínez de la Rosa; para quien, gracias a la ausencia de fábricas y talleres, *las malas doctrinas que sublevan las clases inferiores no están difundidas, por fortuna, como en otras naciones.* Y fue en ese escenario tan poco prometedor, háganse ustedes idea, donde se proclamó, por 258 votos a favor y 32 en contra (curiosamente, sólo había 77 diputados republicanos, así que calculen el número de oportunistas que se subieron al tren), aquella Primera República a la que, desde el primer momento, todas las fuerzas políticas, militares, religiosas, financieras y populares españolas se dedicaron a demoler sistemáticamente. Once meses iba a durar la desgraciada. Vista y no vista. Unos la querían unitaria y otros federal; pero, antes de aclarar las cosas, la peña empezó a proclamarse por su cuenta en plan federal, sin ni siquiera haber aprobado una nueva Constitución, ni organizado nada, ni detallado bien en qué consistía aquello; pues para unos la federación era un pacto nacional, para otros la autonomía regional, para otros una descentralización absoluta donde cada perro se lamiera su órgano, y para otros una revolución social general que, por otra parte, nadie indicaba en qué debía consistir, ni a quién había que ahorcar primero. Las Cortes eran una casa de putas y las masas se impacientaban viendo el pasteleo de los políticos. En Alcoy hubo una verdadera sublevación obrera con tiros y todo. Y encima, para rematar el pastel, en Cuba había estallado la insurrección independentista, y aquí los carlistas, siempre dispuestos a dar por saco en momentos delicados, viendo amenazados los valores cristianos, la cosa foral y toda la parafernalia, volvían a echarse al monte, empezando su tercera guerra —que iba a ser bronca y larga— en plan Dios, patria, fueros y rey. El Ejército era un descojone de ambición y banderías donde los soldados no obedecían a sus jefes; hasta el punto de que sólo había un general —Turón, se llamaba— que tenía en la hoja de servicios no haberse sublevado nunca, y al que, por supuesto, los compañeros espadones tachaban de timorato, moñas y maricona. Así que no es de extrañar que un montón de lugares empezaran a proclamarse federales e incluso independientes por su cuenta. Fue lo que se llamó insurrección cantonal. De ella disfrutaremos en el próximo capítulo.

55. El disparate cantonal

La Primera República española, y en eso están de acuerdo tanto los historiadores de derechas como los de izquierdas, fue una verdadera casa de putas. Durante los once meses que duró, se sucedieron cuatro presidentes de gobierno distintos, con los conservadores conspirando y los republicanos tirándose los trastos a la cabeza. En el extranjero nos tomaban tan a cachondeo que sólo reconocieron a la flamante república los Estados Unidos —que todavía casi no eran nadie— y Suiza, mientras aquí se complicaban la nueva guerra carlista y la de Cuba, y se redactaba una Constitución que nunca entró en vigor, en la que se proclamaba una España federal de *diecisiete estados y cinco territorios;* pero que en realidad eran más, porque una treintena de provincias y ciudades se declararon independientes unas de otras, llegaron a enfrentarse entre sí y hasta a hacer su propia política internacional, como Granada, que abrió hostilidades contra Jaén, o Cartagena, que declaró la guerra a Madrid y a Prusia, con un par de huevos. Aquel desparrame fue lo que se llamó insurrección cantonal: un aquelarre colectivo donde se mezclaban federalismo, cantonalismo, socialismo, anarquismo, anticapitalismo y democracia, en un ambiente tan violento, caótico y peligroso que hasta los presidentes de gobierno se largaban al extranjero y desde allí enviaban su dimisión por telegrama. *Me tenéis hasta los cojones,* escribió uno. Todo eran palabras huecas, quimeras y proyectos irrealizables; haciendo real, otra vez, aquello de que en España nunca se dice lo que pasa, pero desgraciadamente siempre acaba pasando lo que se dice. Los diputados ni supieron entender las aspiraciones populares ni satisfacerlas, porque a la mayor parte le importaban un carajo, y eso acabó cabreando al pueblo llano, inculto y maltratado, al que otra vez le escamoteaban la libertad seria y la decencia. Las actas de sesiones de las Cortes de ese período son una escalofriante relación de demagogia, sinrazón e irresponsabilidad política en las que mojaban tanto los izquierdistas radicales como los arzobispos más carcas, pues de todo había en los escaños; y como luego iba a señalar en *España inteligible* el filósofo Julián Marías, *allí podía decirse cualquier cosa, con tal de que no tuviera sentido ni contacto con la realidad.* La parte buena fue que se confirmó la libertad de cultos (lo que puso a la Iglesia católica hecha una fiera), se empezó a legalizar el divorcio y se suprimió la pena de muerte, aunque fuera sólo por un rato. Por lo demás, en aquella España fragmentada e imposible todo eran fronteras interiores, milicias populares, banderas, demagogia y disparate, sin que nadie aportase cordura ni, por otra parte, los gobiernos se atreviesen al principio a usar la fuerza para reprimir nada; porque los espadones militares —con toda la razón del mundo, vistos sus pésimos antecedentes— estaban mal vistos y además no los obedecía nadie. Gaspar Núñez de Arce, que era un poeta retórico y cursi de narices, retrató bien el paisaje en estos relamidos versos: *La honrada libertad se prostituye / y óyense los aullidos de la hiena / en Alcoy, en Montilla, en Cartagena.* El de Cartagena, precisamente, fue el cantón insurrecto más activo y belicoso de todos, situado muy a la izquierda de la izquierda, hasta el punto de que cuando al fin se decidió meter en cintura aquel desparrame de taifas, los cartageneros se defendieron como leones de la Metro, entre otras cosas porque la suya era una ciudad fortificada y tenía el auxilio de la escuadra, que se había puesto de su parte. La guerra cantonal se prolongó allí y en Andalucía durante cierto tiempo, hasta que el gobierno de turno dijo ya os vale, cabrones, y envió a los generales Martínez Campos y Pavía para liquidar el asunto por las bravas, cosa que hicieron a cañonazo limpio. Mientras tanto, como las Cortes no servían para una puñetera mierda, a los diputados —que ya ni iban a las sesiones— les dieron vacaciones desde septiembre de 1873 a enero de 1874. Y en esa fecha, cuando se reunieron de nuevo, el general Pavía (*Hombre ligero de cascos y de pocas luces,* lo retratan los historiadores), respaldado por la derecha conservadora, sus tropas y la Guardia Civil, rodeó el edificio como un siglo más tarde, el 23-F, lo haría el teniente coronel Tejero —que de luces tampoco estaba más dotado que Pavía—. Ante semejante atropello, los diputados republicanos juraron morir heroicamente antes que traicionar a la patria; pero tan ejemplar resolución duró hasta que oyeron el primer tiro al aire. Entonces todos salieron corriendo, incluso arrojándose por las ventanas. Y de esa forma infame y grotesca fue como acabó, apenas nacida, nuestra desgraciada Primera República.

56. Arriba, parias de la tierra

La Primera República española, aquel ensayo de libertad convertido en desastre por unos políticos desvergonzados y por un pueblo inculto e irresponsable, se había ido al carajo en 1874. La decepción de las capas populares al ver sus esperanzas frustradas, el extremismo de unos dirigentes y el miedo a la revolución de otros, el desorden social que puso toda España patas arriba y alarmó a la gente de poder y dinero, liquidaron de modo grotesco el breve experimento. Todo eso dejó al país a punto de caramelo para una etapa de letargo social, en la que la peña no quería sino calma y pocos sobresaltos, sopitas y buen caldo, sin importar el precio en libertades que hubiera que pagar por ello. Se renunció así a muchas cosas importantes, y España (de momento con una dictadura post revolucionaria encomendada al siempre oportunista general Serrano) se instaló en una especie de limbo idiota, aplazando reformas y ambiciones necesarias. Sin aprender, y eso fue lo más grave, un pimiento de los terribles síntomas que con las revoluciones cantonales y los desórdenes republicanos habían quedado patentes. El mundo cambiaba y los desposeídos abrían los ojos. Allí donde la instrucción y los libros despertaban conciencias, la resignación de los parias de la tierra daba paso a la reivindicación y la lucha. Cinco años antes había aparecido una institución inexistente hasta entonces: la Asociación Internacional de Trabajadores. Y había españoles en ella. Como en otros países europeos, una pujante burguesía seguía formándose al socaire del inevitable progreso económico e industrial; y también, de modo paralelo, obreros que se pasaban unos a otros libros e ideas iban organizándose, todavía de modo rudimentario, para mejorar su condición en fábricas y talleres, aunque el campo aún quedaba lejos. Dicho en plan simple, dos tendencias de izquierdas se manifestaban ya: el socialismo, que pretendía lograr sus reivindicaciones sociales por medios pacíficos, y el anarquismo —*Ni dios, ni amo*—, que creía que el pistoletazo y la dinamita eran los únicos medios eficaces para limpiar la podredumbre de la sociedad burguesa. Así, la palabra *anarquista* se convirtió en sinónimo de lo que hoy llamamos terrorista, y en las siguientes décadas los anarquistas protagonizaron sonados y sangrientos episodios a base de mucho bang-bang y mucho pumba-pumba, que ocupaban titulares de periódicos, alarmaban a los gobiernos y suscitaban una feroz represión policial. Detalle importante, por cierto, era que el auge burgués e industrial del momento estaba metiendo mucho dinero en las provincias vascas, en Asturias y sobre todo en Cataluña, donde ciudades como Barcelona, Sabadell, Manresa y Tarrasa, con sus manufacturas textiles y su proximidad fronteriza con Europa, aumentaban la riqueza y empezaban a inspirar, como consecuencia, un sentimiento de prosperidad y superioridad respecto al resto de España; un ambiente que todavía no era separatista a lo moderno —1714 ya estaba muy lejos—, pero sí partidario de un Estado descentralizado (la ocasión del Estado jacobino y fuerte a la francesa la habíamos perdido para siempre jamás) y también industrial, capitalista y burgués, que era lo que en Europa pitaba. Sentimiento que, en vista del desparrame patrio, era por otra parte de lo más natural, porque Jesucristo dijo seamos hermanos, pero no primos. Nacían así, paset a paset, el catalanismo moderno y sus futuras consecuencias; muy bien pergeñado el paisaje, por cierto, en unas interesantes y premonitorias palabras del político catalán —hijo de *hisendats,* o sea, familia de abolengo y dinero— Prat de la Riba: *Dos Españas: la periférica, viva, dinámica, progresiva, y la central, burocrática, adormecida, yerma. La primera es la viva, la segunda la oficial.* Todo eso, tan bien explicado ahí, ocurría en una España de oportunidades perdidas desde la Guerra de la Independencia, donde los sucesivos gobiernos habían sido incapaces de situar la palabra *nación* en el ámbito del progreso común. Y mientras Gran Bretaña, Francia o Alemania desarrollaban sus mitos patrióticos en las escuelas, procurando que los maestros inculcasen espíritu cívico y solidario en los ciudadanos del futuro, la indiferencia española hacia el asunto educativo acarrearía con el tiempo gravísimas consecuencias: un Ejército desacreditado, un pueblo desorientado e indiferente, una educación que seguía estando en buena parte en manos de la Iglesia católica, y una gran confusión en torno a la palabra *España,* cuyo pasado, presente y futuro secuestraban sin complejos, manipulándolos, toda clase de trincones y sinvergüenzas.

57. ¿Dónde vas, Alfonso XII?

El siglo XIX estaba siendo en España un disparate de padre y muy señor mío: una atroz guerra contra los franceses, un rey (Fernando VII) cruel, traidor y miserable, una hija (Isabel II) incompetente, caprichosa y más golfa que María Martillo, un rey postizo (Amadeo de Saboya) tomado a cachondeo, la pérdida de casi todas las posesiones americanas tras una guerra sin cuartel, una insurrección en Cuba, una guerra cantonal, una Primera República que había acabado como una reyerta de payasos de circo, golpes de Estado, pronunciamientos militares a punta de pala y cuatro o cinco palabras (España, nación, patria, centralismo, federalismo) en las que no sólo nadie se ponía de acuerdo, sino que se convertían, como todo aquí, en arma arrojadiza contra el adversario político o el vecino mismo. En pretexto para la envidia, odio y vileza hispanas, agravadas por el analfabetismo endémico general. Echando números, nos salían sólo quince años de intentos democratizadores contra sesenta y seis siniestros años de carcundia, Iglesia, caspa, sables y reacción. Y cuando había elecciones, éstas eran una farsa de votos amañados. Hasta un par de años antes, todos los cambios políticos se habían hecho a base de insurrecciones y pronunciamientos. Y la peña, para resumir, o sea, la gente normal, estaba hasta la línea de flotación. Harta de caos, de oportunismo y de aventureros políticos. Quería estabilidad, trabajo, normalidad. Comer caliente y que los hijos crecieran en paz. Así que algunos políticos, tomando el pulso al ambiente, empezaron a plantearse la posibilidad de restaurar la monarquía, esta vez con buenas bases. Y se fijaron en Alfonsito de Borbón, el hijo en el exilio de Isabel II, que tenía dieciocho años y era un chico agradable, bajito, moreno y con patillas, sensato y bien educado. Al principio los militares, acostumbrados a mandar ellos, no estaban por la labor; pero un pedazo de político llamado Cánovas del Castillo —sin duda el más sagaz y competente de su tiempo— convenció a algunos y se acabó llevando al huerto a todos. El método, eso sí, no fue precisamente democrático; pero a aquellas alturas del sindiós, en plena dictadura dirigida por el eterno general Serrano y con las Cortes inoperantes y hechas un bebedero de patos, Cánovas y los suyos opinaban, no sin lógica, que ya daba igual un método que otro. Y que a tomar por saco todo. Y así, en diciembre de 1874, en Sagunto y ante sus tropas, el general Martínez Campos proclamó rey a Alfonso XII, por la cara. La cosa resultó muy bien acogida, Serrano hizo las maletas, y el chaval borbónico embarcó en Marsella, desembarcó en Barcelona, pasó por Valencia para asegurarse de que el respaldo de los espadones iba en serio, y a primeros del año 1875 hizo una entrada solemne en Madrid, entre el entusiasmo de las mismas masas que hacía año y pico habían llamado puta a su madre. Y es que el pueblo —lo mismo a ustedes les suena el mecanismo— se las tragaba de a palmo, hasta la gola, en cuanto le pintaban un paisaje bonito y le comían la oreja (es lo que tienen, sumadas, la ingenuidad, la estupidez y la incultura). El caso es que a Alfonso XII lo recibieron como agua de mayo. Y la verdad, las cosas como son, es que no faltaban motivos. En primer lugar, como dije antes, Cánovas era un político como la copa de un pino (del que los de ahora deberían tomar ejemplo, en el caso improbable de que supieran quién fue). Por otra parte, el joven monarca era un tío estupendo, o lo parecía, quitando que le gustaban las mujeres más que a un tonto una tiza. Pero fuera de eso, tenía sentido común y sabía estar. Además se había casado por amor con la hija del duque de Montpensier, que era enemigo político de su madre. Ella se llamaba María de las Mercedes (para saber más del asunto, libros aparte, cálcense la película *¿Dónde vas, Alfonso XII?*, que lo cuenta en plan mermelada pero no está mal), era joven, regordeta y guapa, y eso bastó para ganarse el corazón de todas las marujas y marujos de entonces. Aquella simpática pareja fue bien acogida, y con ella el país tuvo un subidón de optimismo. Florecieron los negocios y mejoró la economía. Todo iba sobre ruedas, con Cánovas moviendo hábilmente los hilos. Hasta pudo liquidarse, al fin, la tercera guerra carlista. El rey era amigo de codearse con el pueblo y a la gente le caía bien. Era, para entendernos, un campechano. Y además, al morir Mercedes prematuramente, la tragedia del joven monarca viudo —aquellos funerales conmovieron lo indecible— puso a toda España de su parte. Nunca un rey español había sido tan querido. La Historia nos daba otra oportunidad. La cuestión era cuánto íbamos a tardar en estropearla.

58. MÁS COMPADRES QUE COCHINOS

Con Alfonso XII, que nos duró poco, pues murió en 1885 siendo todavía casi un chaval y sólo reinó diez años, España entró en una etapa próspera, y hasta en lo político se consiguió (a costa de los de siempre, eso sí) un equilibrio bastante razonable. Había negocios, minería, ferrocarriles y una burguesía cada vez más definida según los modelos europeos de la época. En términos generales, un español podía salir de viaje al extranjero sin que se le cayera la cara de vergüenza. A todo contribuían varios factores que sería aburrido detallar aquí —para eso están los historiadores, y que se ganen ellos el jornal—, pero que conviene citar aunque sea por encima. A Alfonso XII los pelotas lo llamaban el Pacificador, pero la verdad es que el apodo era adecuado. El desparrame de Cuba se había serenado mucho, la tercera guerra carlista puso las cosas crudas al pretendiente don Carlos (que tuvo que decir hasta luego Lucas y cruzar la frontera), y hasta el viejo y resabiado cabrón del general Cabrera, desde su exilio en Londres, apoyó la nueva monarquía. Ya no habría carlistadas hasta 1936. Por otra parte, el trono de Alfonso XII estaba calentado con carbón asturiano, forjado con hierro vasco y forrado en paño catalán, pues en la periferia estaban encantados con él; sobre todo porque la siderurgia vascongada —aún no se decía euskaldún— iba como un cohete, y la clase dirigente catalana, en buena parte forrada de pasta con el tráfico de esclavos negros y los negocios de una Cuba todavía española, tenía asegurado su tres por ciento, o su noventa por ciento, o lo que trincara entonces, para un rato largo. Por el lado político también iba la cosa como una seda para los que cortaban el bacalao, con parlamentarios monárquicos felices con el rey y parlamentarios republicanos que en su mayor parte, tras la disparatada experiencia reciente, no creían un carajo en la república. Todos, en fin, eran dinásticos. Se promulgó en 1876 una Constitución (que estaría en vigor medio siglo, hasta 1923) con la que volvía a intentarse la España unitaria y patriótica al estilo moderno europeo, y según la cual todo español estaba obligado a defender a la patria y contribuir a los gastos del Estado, la provincia y el municipio. Al mismo tiempo se proclamaba —al menos sobre el papel, porque la realidad fue otra— la libertad de conciencia, de pensamiento y de enseñanza, así como la libertad de imprenta. Y en este punto conviene resaltar un hecho decisivo: al frente de los dos principales partidos, cuyo peso era enorme, se encontraban dos políticos de extraordinarias talla e inteligencia, a los que Pedro Sánchez, Mariano Rajoy, José Luis Rodríguez Zapatero y José María Aznar, por citar sólo a cuatro presidentes de casi ahora mismo, no valdrían ni para llevar el botijo. Cánovas y Sagasta, el primero líder del partido conservador y el segundo del liberal o progresista, eran dos equilibristas del alambre que se pusieron de acuerdo para repartirse el poder de un modo pacífico y constructivo en lo posible, salvando sus intereses y los de los fulanos a los que representaban. Fue lo que se llamó período (largo) de alternancia o de gobiernos *turnantes*. Ninguno de los dos cuestionaba la monarquía. Gobernaba uno durante una temporada colocando a su gente, luego llegaba el otro y colocaba a la suya, y así sucesivamente. Todo pacífico y con vaselina. Tú a Boston y yo a California. Eso beneficiaba a mucho sinvergüenza, claro; pero también proporcionaba estabilidad y paz social, ayudaba a los negocios y daba credibilidad al Estado. El problema fue que aquellos dos inteligentes fulanos se dejaron la realidad fuera; o sea, se lo montaron ellos solos, olvidando a los nuevos actores de la política que iban a protagonizar el futuro. Dicho de otro modo: al repartirse el chiringuito, la España oficial volvió la espalda a la España real, que venía pidiendo a gritos justicia, pan y trabajo. Por suerte para los gobernantes y la monarquía, esa España real, republicana y con motivo cabreada, estaba todavía en mantillas, tan desunida en plan cainita como solemos estarlo los españoles desde los tiempos de Viriato. Pero con paciencia y salivilla todo entra. A la larga, las izquierdas emergentes, las reales, iban a contar con un aliado objetivo: la Iglesia católica, que fiel a sí misma, cerrada a cuanto oliera a progreso, a educación pública, a sufragio universal, a libertad de culto, a divorcio, a liberar a las familias de la dictadura del púlpito y el confesonario, se oponía a toda reforma. Eso iba a encabronar mucho el paisaje, atizando un feroz anticlericalismo y acumulando cuentas que a lo largo del siguiente medio siglo iban a saldarse de manera trágica.

59. Sobre urnas y analfabetos

Alfonso XII palmó joven y de tuberculosis. Demasiado pronto. Tuvo el tiempo justo para hacerle un cachorrillo a su segunda esposa, María Cristina de Habsburgo, antes de decir adiós, muchachos. Se murió con sólo veintiocho tacos de almanaque, dejando atrás a una regente viuda y preñada, a Cánovas y Sagasta alternándose en el poder con su choteo parlamentario de compadres de negocio, y a una España de injusticia social, alejada de la vida pública y todavía débilmente nacionalizada, muy por debajo de un nivel educativo digno, sometida a las tensiones impuestas por un Ejército hecho a decidir según su arrogante voluntad, una oligarquía económica que iba a lo suyo y una Iglesia católica acostumbrada a mojar en todas las salsas, controlando vidas, conciencias y educación escolar. El Estado, incapaz de mantener un sistema decente de enseñanza nacional —de ahí la frase *pasa más hambre que un maestro de escuela*—, dejaba en manos de la Iglesia una gran parte de la educación, con los resultados que eran de esperar. No era cosa, ojo, de formar buenos ciudadanos, sino buenos católicos. Dios por encima del césar. Y así, entre flores a María y rosarios vespertinos, a buena parte de los niños españoles que tenían la suerte de poder acceder a una educación se les iba la pólvora en salvas, muy lejos de los principios de democracia, libertad y dignidad nacional que habían echado sus débiles raíces en el liberalismo del Cádiz de la Pepa. De ese modo, tacita a tacita de cicuta trasegada con desoladora irresponsabilidad, los españoles (*Son españoles los que no pueden ser otra cosa*, había bromeado Cánovas con muy mala sombra) volvíamos a quedarnos atrás respecto a la Europa que avanzaba hacia la modernidad. Incapaces, sobre todo, de utilizar nuestra variada y espectacular historia, los hechos y lecciones del pasado, para articular en torno a ellos palabras tan necesarias en esa época como formación patriótica, socialización política e integración nacional. Nuestro patriotismo —si podemos llamarlo de esa manera—, tanto el general como el particular de cada patria chica, resultaba populachero y barato, tan elemental como el mecanismo de un sonajero. Estaba hecho de folklore y sentimientos, no de razón; y era manipulable, por tanto, por cualquier espabilado. Por cualquier sinvergüenza con talento, labia o recursos. A eso hay que añadir una prensa a veces seria, aunque más a menudo partidista e irresponsable. Al otro lado del tapete, pese a todo, había buenas bazas. Una sociedad burguesa bullía, viva. La pintura histórica se había puesto de moda, y la literatura penetraba en muchos hogares mediante novelas nacionales o traducidas que se convertían en verdaderos bestsellers. Incluso se había empezado a editar la monumental Biblioteca de Autores Españoles. Había avidez de lectura, de instrucción y de memoria. De conocimientos. Los obreros —algunos de ellos— leían cada vez más, y pronto se iba a notar. Pero eso no era suficiente. Faltaba ánimo general, faltaba sentido común colectivo. Faltaban, sobre todo, cultura y educación. Faltaba política previsora y decente a medio y largo plazo. Como muestra elocuente de esa desidia y ausencia de voluntad podemos recordar, por ejemplo, que mientras en las escuelas francesas se leía obligatoriamente el patriótico libro *La tour de la France par deux enfants* (1877) y en Italia el delicioso *Cuore* de Edmondo de Amicis (1886), el concurso convocado en España en 1921 para elaborar un *Libro de la Patria* destinado a los escolares quedó desierto. Contra toda esa apatía, sin embargo, se alzaron voces inteligentes que defendían nuevos métodos educativos de carácter liberal para formar generaciones de ciudadanos españoles cultos y responsables. La clave, según estos intelectuales, era que nunca habría mejoras económicas en España sin una mejora previa de la educación. Dicho en corto, que de nada vale una urna si el que mete el voto en ella es analfabeto, y que con mulas de varas, ovejas pasivas o cerdos satisfechos en lugar de ciudadanos, no hay quien saque un país adelante. Todos esos esfuerzos realizados por gente honrada, que fueron diversos y complejos, iban a prolongarse durante la regencia de María Cristina, el reinado de Alfonso XIII y la Segunda República hasta la tragedia de 1936-39. Y buena parte de esos mismos intelectuales acabaría pagándolo, a la larga, con el exilio, con la prisión o con la vida. La vieja y turbia España, pródiga en rencores, nunca olvida sus ajustes de cuentas. Pero no adelantemos tragedias, pues hasta ésas quedaban otras, y no pocas, por materializarse todavía.

60. Sin honra y sin barcos

Y así llegamos, señoras y señores, al año del gran desastre colonial. A ese nefasto 1898, cuando la España que desde el año 1500 había tenido al mundo agarrado por las pelotas, después de un siglo y pico creciendo y casi tres encogiendo como ropa de mala calidad muy lavada, quedó reducida a casi lo que es ahora. Le dieron —nos dieron— la puntilla las guerras de Cuba y Filipinas. En el interior, con Alfonso XIII niño y su madre reina regente, las nubes negras se iban acumulando despacio, porque a los obreros y campesinos españoles, individualistas como la madre que los parió, no les iba mucho la organización socialista —o, pronto, la comunista— y preferían hacerse anarquistas, con lo que cada cual se lo montaba aparte. Eso iba de dulce a los poderes establecidos, que seguían toreando al personal por los dos pitones. Pero lo de Cuba y Filipinas acabaría removiendo el paisaje. En Cuba, de nuevo insurrecta, donde miles de españoles mantenían con la metrópoli lazos comerciales y familiares, la represión estaba siendo bestial, muy bien resumida por el general Weyler, que era bajito y tenía muy mala leche: *¿Que he fusilado a muchos prisioneros? Es verdad, pero no como prisioneros de guerra, sino como incendiarios y asesinos.* Eso avivaba la hoguera y tenía mal arreglo, en primer lugar porque los Estados Unidos, que ya estaban en forma, querían zamparse el Caribe español. Y en segundo, porque las voces sensatas que pedían un estatus razonable para Cuba se veían ahogadas por la estupidez, la corrupción, la intransigencia, los intereses comerciales de la alta burguesía —catalana en parte— con negocios cubanos, y por el patrioterismo barato de una prensa vendida e irresponsable. El resultado es conocido de sobra: una guerra cruel que no se podía ganar (los hijos de los ricos podían librarse pagando para que un desgraciado fuera por ellos), la intervención de Estados Unidos, y nuestra escuadra, al mando del almirante Cervera, bloqueada en Santiago de Cuba. De Madrid llegó la orden disparatada de salir y pelear a toda costa por el honor de España —una España que aquel domingo se fue a los toros—; y los marinos españoles, aun sabiendo que los iban a descuartizar, cumplieron las órdenes como un siglo antes en Trafalgar y fueron saliendo uno tras otro, pobres infelices en sus pobres barcos, para ser aniquilados por los acorazados yanquis, a los que no podían oponer fuerza suficiente —el *Cristóbal Colón* ni siquiera tenía montada la artillería—, pero sí la bendición que, sin rubor alguno, envió por telégrafo el arzobispo de Madrid-Alcalá: *Que Santiago, San Telmo y San Raimundo vayan delante y os hagan invulnerables a las balas del enemigo.* Calculen ustedes el blindaje. A eso se unieron, claro, los políticos y la prensa. *Las escuadras son para combatir,* ladraba Romero Robledo en las Cortes, mientras a los partidarios de negociar, como el ministro Moret, les montaban escraches en la puerta de sus casas. Pocas veces en la historia de España hubo tanto valor por una parte y tanta infamia por la otra. Después de aquello, abandonada por las grandes potencias porque no pintábamos un carajo, España cedió Cuba, Puerto Rico —donde los puertorriqueños habían combatido junto a los españoles— y las Filipinas, y al año siguiente se vio obligada a vender a Alemania los archipiélagos de Carolinas y Palaos, en el Pacífico. En Filipinas, por cierto (*una colonia gobernada por frailes y militares,* la describe el historiador Ramón Villares), había pasado más o menos lo de Cuba: una insurrección combatida con violencia y crueldad, la intervención norteamericana, la escuadra del Pacífico destruida por los americanos en la bahía de Cavite, y unos combates terrestres donde, como en la manigua cubana, los pobres soldaditos españoles, sin medios militares, enfermos, mal alimentados y a miles de kilómetros de su patria, lucharon con el valor habitual de los buenos y fieles soldados hasta que ya no pudieron más (mi abuelo paterno me contaba el triste espectáculo de los barcos que traían de ultramar a aquellos espectros escuálidos, heridos y enfermos). Y algunos, incluso, pelearon más allá de lo humano. Porque en Baler, un pueblecito filipino al que no llegó mención alguna de la paz, un grupo de ellos, los últimos de Filipinas, aislados y sin noticias, siguieron luchando un año más, creyendo que la guerra continuaba, y costó mucho convencerlos de que todo había acabado. Y como españolísimo colofón de esta historia, diremos que a uno de aquellos héroes, el último o penúltimo que quedaba vivo, un grupo de milicianos o falangistas (da igual quiénes, porque en realidad siempre son los mismos) lo sacó de su casa en 1936 y lo fusiló mientras el pobre anciano les mostraba sus viejas e inútiles medallas.

61. AL BURGUÉS Y AL BORBÓN, PÓLVORA Y PERDIGÓN

Y de esa triste manera, señoras y caballeros, después de perder Cuba, Filipinas, Puerto Rico y hasta la vergüenza, reducida a lo peninsular y a un par de trocitos de África, ninguneada por las grandes potencias que un par de siglos antes todavía le llevaban el botijo, España entró en un siglo XX que iba a ser tela marinera. El hijo de la reina María Cristina dejó de ser Alfonsito para convertirse en Alfonso XIII. Pero tampoco ahí tuvimos suerte, porque no era hombre adecuado para los tiempos turbulentos que estaban por venir. Alfonso era un chico campechano —cosa de familia, desde su abuela Isabel hasta su nieto Juan Carlos— y un patriota que amaba sinceramente a España. El problema, o uno de ellos, era que tenía poca personalidad para lidiar en esta complicada plaza. Como dice Juan Eslava Galán, *tenía gustos de señorito:* coches, caballos, lujo social refinado y mujeres guapas, con las que tuvo unos cuantos hijos ilegítimos. Pero en lo de gobernar con mesura y prudencia no anduvo tan vigoroso como en el catre. Lo coronaron en 1902, justo cuando ya se iba al carajo el sistema de turnos por el que habían estado gobernando liberales y conservadores. Iban a sucederse treinta y dos gobiernos en veinte años. Había nuevos partidos, nuevas ambiciones, nuevas esperanzas. Y menos resignación. El mundo era más complejo, el campo arruinado y hambriento seguía en manos de terratenientes y caciques, y en las ciudades las masas proletarias apoyaban cada vez más a los partidos de izquierda. Resumiendo mucho la cosa: los republicanos crecían, y los problemas del Estado —lo mismo les suena a ustedes el detalle— alentaban el oportunismo político, cuando no secesionista, de nacionalistas catalanes y vascos, conscientes de que el negocio de ser español ya no daba los mismos beneficios que antes. A nivel proletario, los anarquistas sobre todo, de los que España era fértil en duros y puros, tenían prisa, desesperación y unos cojones como los del caballo de Espartero. Uno, italiano, ya se había cepillado a Cánovas en 1897. Así que, para desayunarse, otro llamado Mateo Morral le regaló al joven rey, el día mismo de su boda, una bomba que hizo una matanza en mitad del cortejo, en la calle Mayor de Madrid. En las siguientes tres décadas, sus colegas dejarían una huella profunda en la vida española, entre otras cosas porque les dieron matarile a los políticos Dato y Canalejas (a este último mirando el escaparate de una librería, cosa que en un político actual sería casi imposible), y además de intentar que palmara el rey estuvieron a punto de conseguirlo con Maura y con el dictador Primo de Rivera. Después, descerebrados como eran, contribuirían mucho a cargarse la Segunda República; pero no adelantemos acontecimientos. De momento, a principios de siglo, lo que hacían —o pretendían— los anarcas era ponerlo todo patas arriba, seguros de que el sistema estaba podrido y de que el único remedio era dinamitarlo hasta los cimientos. Y bueno. Tuvieran o no razón, que tal vez la tenían, el caso es que protagonizaron muchas primeras páginas de periódicos, con asesinatos y bombas por aquí y por allá, incluida una que le soltaron en el Liceo de Barcelona a la flor y la nata de la burguesía millonetis local, que dejó el patio de butacas como el mostrador de una carnicería. Pero lo que de verdad los puso en el candelero internacional fue la Semana Trágica, también en Barcelona. En Marruecos —del que hablaremos en otro capítulo— se había liado un notorio pifostio; y como de costumbre, a la guerra iban los pobres y los desgraciados. Un embarque de tropas, con unas pías damas católicas que fueron al puerto a repartir escapularios y medallas de santos, terminó en estallido revolucionario que puso la ciudad en llamas, con quema de conventos incluida, combates callejeros y represión sangrienta. El gobierno necesitaba que alguien se comiera el marrón, así que echó la culpa al líder anarquista Francisco Ferrer Guardia, que como se decía entonces *fue pasado por las armas*. Eso suscitó un revuelo de protestas de la izquierda internacional, hizo caer al gobierno conservador y dio paso a uno liberal que hizo lo que pudo; pero aquello reventaba por todas las costuras, hasta el punto de que el jefe de ese gobierno liberal fue el mismo Canalejas a quien un anarquista le pegaría un tiro cuando miraba libros. Lo encontraban blando. Y así, poquito a poco y cada vez con paso más rápido, nos íbamos acercando a 1936. Pero aún quedaban muchas cosas por ocurrir y mucha sangre por derramar. Así que permanezcan ustedes atentos a la pantalla.

62. Allá por la tierra mora

Ahora hay que hablar de Marruecos, que ya va siendo hora; porque si algo pesó en la política y la sociedad españolas de principios del siglo xx fue la cuestión marroquí. La guerra de África, como se la iba llamando. El

Magreb era nuestra vecindad natural, y los conflictos eran viejos, con raíces en la Reconquista, la piratería berberisca, las expediciones militares españolas y las plazas de soberanía situadas en la zona. Ya en 1859 había habido una guerra seria con cuatro mil muertos españoles, el general Prim y sus voluntarios catalanes y vascos, y las victorias de Castillejos, Tetuán y Wad-Ras. Pero los moros, sobre todo los del Rif marroquí, que eran chulos y tenían de sobra lo que hay que tener, no se dejaban trajinar por las buenas, y en 1893 se lió otro pifostio en torno a Melilla que nos costó una pila de muertos, entre ellos el general Margallo, que cascó en combate —en aquel tiempo, los generales todavía cascaban en combate—. Diecinueve años después, por el Tratado de Fez, Francia y España se repartieron Marruecos por la cara. La cosa era que, como en Europa todo hijo de vecino andaba haciéndose un imperio colonial, España, empeñada en que la respetaran un poquito después del 98, no quería ser menos. Así que Marruecos era la única ocasión para quitarse la espina: por una parte se mantenía ocupados a los militares, que podían ponerse medallas y hacer olvidar las humillaciones y el desprestigio de la pérdida de Cuba y Filipinas; por otra, participábamos junto a Inglaterra y Francia en el control del estrecho de Gibraltar; y en tercer lugar se reforzaban los negocios del rey Alfonso XIII y la oligarquía financiera con la explotación de las minas de hierro y plomo marroquí. En cuanto a la morisma de allí, pues bueno. *Arumi issén,* o sea. El cristiano sabe más. No se les suponía mucha energía frente a un ejército español que, anticuado y corrupto hasta los galones, seguía siendo máquina militar más o menos potente, a la europea, aunque ocupáramos ahí el humillante furgón de cola. Pero salió el gorrino mal capado, porque el Rif, con gente belicosa y flamenca, cultura y lengua propias, se pasaba por el forro los pactos del sultán de Marruecos con España. Vete a ma-

marla a Fez, decían. En moro. Y una sucesión de levantamientos de las cabilas locales convirtió la ocupación española en una pesadilla. Primero, en 1909, fue el desastre del Barranco del Lobo, donde la estupidez política y la incompetencia militar costaron dos centenares de soldaditos muertos y medio millar de heridos. Y doce años más tarde vinieron el desastre de Annual y la llamada guerra del Rif, primero contra el cabecilla El Raisuni (a quien Sean Connery encarnó muy peliculeramente en *El viento y el león*) y luego contra el duro de pelar Abd el Krim. Lo del Barranco del Lobo y Annual iba a resultar decisivo en la opinión pública, creando una gran desconfianza hacia los militares y un descontento nacional enorme, sobre todo entre las clases desfavorecidas que pagaban el pato. Mientras los hijos de los ricos, que antes soltaban pasta para que fuera un pobre en su lugar, pagaban ahora para quedarse en destinos seguros en la Península, al matadero iban los pobres. Y sucedía que el infeliz campesino que había dado un hijo para Cuba y otro para Marruecos, aún veía su humilde casa —cuando era suya— embargada por los terratenientes y los caciques del pueblo. Así que imaginen el ambiente. Sobre todo después de lo de Annual, que fue el colmo del disparate militar, la cobardía y la incompetencia. Sublevadas en 1921 las cabilas rifeñas, cayeron sobre los puestos españoles de Igueriben, primero, y Annual, después. Allí se dio la imprudente orden de sálvese quien pueda, y trece mil soldados aterrorizados, sin disciplina ni preparación, sin provisiones, agua ni ayuda de ninguna clase —excepto las heroicas cargas del regimiento de caballería Alcántara, que se sacrificó para proteger la retirada—, huyeron en columna hacia Melilla, siendo masacrados por sólo tres mil rifeños que los persiguieron ensañándose con ellos. La matanza fue espantosa. El general Silvestre, responsable del escabeche, se pegó un tiro en plena retirada, no sin antes poner a su hijo, oficial, a salvo en un automóvil. Así que lo dejó fácil: el rey que antes lo aplaudía, el gobierno y la opinión pública le echaron las culpas a él, y aquí no ha pasado nada. Dijeron. Pero sí había pasado, y mucho: miles de viudas y huérfanos reclamaban justicia. Además, esa guerra de África iba a ser larga y sangrienta, de tres años de duración, con consecuencias políticas y sociales que serían decisivas. Así que no se pierdan el próximo episodio.

63. Pistoleros y patronos

Después del desastre de Annual, que vistió a España de luto, la guerra de reconquista de Marruecos fue larga y sangrienta de narices. En ella se empleó por primera vez un cuerpo militar recién creado, la Legión, más conocida por el Tercio, que fue punta de lanza de la ofensiva. A diferencia de los pobres soldaditos sin instrucción y mal mandados que los moros rifeños habían estado fileteando hasta entonces, el Tercio era una fuerza profesional, de élite, compuesta tanto por españoles —delincuentes, ex presidiarios, lo mejor de cada casa— como por voluntarios extranjeros. Gente para echarle de comer aparte, de la que se olvidaba el pasado si aceptaban matar y morir como quien se fuma un pitillo. En resumen, una máquina de guerra moderna y temible. Así que imagínenla en acción —se pagaba a duro la cabeza de cada moro rebelde muerto—, pasando factura por las matanzas de Annual y Monte Arruit. Destacó entre los jefes de esa fuerza, por cierto, un comandante gallego, joven, bajito y con voz de flauta. Esa apariencia en realidad engañaba un huevo, porque el fulano era duro y cruel que te rilas, con muy mala leche, implacable con sus hombres y con el enemigo. También, las cosas como son —ahí están los periódicos de la época y los partes militares—, era frío y con fama de valiente en el campo de batalla, donde una vez hasta le pegaron los moros un tiro en la tripa, y poco a poco ganó prestigio militar en los sucesivos combates. Un prestigio que le iba a venir de perlas diez o quince años más tarde (como han adivinado ustedes, ese comandante del Tercio se llamaba Francisco Franco). El caso es que entre él y otros, palmo a palmo, al final con ayuda de los franceses, reconquistaron el territorio perdido en Marruecos, guerra que acabó en 1927, algo después del desembarco de Alhucemas (primer desembarco aeronaval de la historia mundial, diecinueve años antes del que realizarían las tropas aliadas en Normandía). Una guerra, en fin, que costó a España casi veintisiete mil muertos y heridos, así como otros tantos a Marruecos, y sobre la que pueden ustedes leer a gusto, si les apetece pasar páginas, en las novelas *Imán,* de Ramón J. Sender, y *La forja de un rebelde,* de Arturo Barea. El caso es que la tragedia moruna, con sus graves consecuencias sociales, fue uno de los factores que marcaron a los españoles y contribuyeron mucho a debilitar la monarquía, que para esas horas llevaba tiempo cometiendo graves errores políticos. Como la opinión pública pedía responsabilidades apuntando al propio Alfonso XIII, que había alentado personalmente la actuación del general Silvestre, muerto en el desastre de Annual, se creó una comisión para depurar la cosa. Pero antes de que las conclusiones se debatieran en las Cortes —fue el famoso Expediente Picasso— el general Miguel Primo de Rivera dio un golpe de Estado (septiembre de 1923) con el beneplácito del rey. Aquí conviene recordar que España se había mantenido neutral en la Primera Guerra Mundial, lo que permitió a las clases dirigentes forrarse el riñón de billetes haciendo negocios con los beligerantes; pero esos beneficios —minas asturianas, hierro vasco, textiles catalanes— seguían lejos del bolsillo de las clases desfavorecidas, que sólo estaban para dar sangre a la guerra de África y sudor a las fábricas y los terrones de unos campos secos y malditos de Dios. Pero los tiempos de la resignación habían pasado: las izquierdas españolas se organizaban, aunque cada una por su cuenta, como siempre. Pero no sólo aquí: Europa bullía con hervor de cambio y vapores de tormenta, y España no quedaba al margen. Crecía la protesta obrera, los sindicatos se hacían más fuertes, el pistolerismo anarquista y el empresarial se enfrentaban a tiro limpio, y el nacionalismo catalán y el vasco (inspirado éste ideológicamente en los escritos de un desequilibrado mental llamado Sabino Arana, que eran auténticos disparates religioso-racistas) aprovechaban para hacerse los oprimidos en plan España no nos quiere, España nos roba, etcétera, como cada vez que veían flaquear el Estado, y reclamar así más fueros y privilegios. O, dicho en corto, más impunidad y más dinero. La dictadura de Primo de Rivera intentó controlar todo eso, empezando por la liquidación de la guerra de Marruecos. La mayor parte de los historiadores coinciden en describir al fulano como un militar algo bruto, paternalista y con buena voluntad. Pero el tinglado le venía grande, y una dictadura tampoco era el método. Ni él ni Alfonso XIII estaban a la altura del desparrame mundial que suponían aquellos años veinte. Eso iba a comprobarse muy pronto, con resultados terribles.

64. Delenda est monarchia

Miguel Primo de Rivera, el espadón dictador, fue un hombre de buenas intenciones, métodos equivocados y mala suerte. Sobre todo, no era un político. Su programa se basaba en la ausencia de programa, excepto mantener el orden público, la monarquía y la unidad de España, que se estaba yendo al carajo por las presiones de los nacionalismos, sobre todo el catalán. Pero el dictador no carecía de sentido común. Su idea básica era formar ciudadanos españoles con sentido patriótico, educados en colegios eficaces, y crear para ellos un país moderno, a tono con los tiempos. Y anduvo por ese camino, con razonable intención dentro de lo que cabe. Entre los tantos a su favor se cuentan la construcción y equipamiento de nuevas escuelas, el respeto a la huelga y los sindicatos libres, la jubilación pagada para cuatro millones de trabajadores, la jornada laboral de ocho horas —fuimos los primeros del mundo en adoptarla—, una sanidad nacional bastante potable, lazos estrechos con Hispanoamérica, las exposiciones internacionales de Barcelona y Sevilla, la concesión de monopolios como teléfonos y combustibles a empresas privadas (Telefónica, Campsa), y una inversión en obras públicas sin precedentes en nuestra historia, que modernizó de forma espectacular reservas de agua, regadíos y redes de transporte. Pero no todo era Disneylandia. La otra cara de la moneda, la mala, residía en el fondo del asunto. De una parte, la Iglesia católica seguía mojando en todas las salsas, y muchas reformas sociales, incluidas las inevitables del paso del tiempo —cines, bailes, falda corta, mujeres que ya no se resignaban al papel sumiso de esposa y madre—, tropezaban con el clero carca que seguía dirigiendo la vida de buena parte de los españoles. La educación escolar, sobre todo, era un hueso que la mandíbula eclesiástica no soltaba. Y hasta la blasfemia —tradicional desahogo, a falta de otros, de tantos sufridos compatriotas durante siglos— era sancionada y perseguida por la policía. Por otra parte, los tiempos políticos estaban revueltos en toda Europa, donde chocaban fuerzas conservadoras y nacionalistas contra izquierdas reformadoras o revolucionarias. El bolchevismo intentaba controlar desde Rusia el tinglado, el socialismo y el anarquismo peleaban por la revolución, y el fascismo, que acababa de aparecer en Italia, era todavía un experimento nuevo, cuyas siniestras consecuencias posteriores aún no eran previsibles, que gozaba de buena imagen en no pocos ambientes. Era tentador para algunos. De todo eso España no podía quedar al margen ni harta de sopas; y la Barcelona industrial, sobre todo, siguió siendo escenario de lucha entre patronos y sindicatos, pistolerismo y violencia. Al presidente Dato, al sindicalista Salvador Seguí y al cardenal Soldevilla, entre otros, les dieron matarile en atentados que conmovieron a la opinión pública. Por otra parte, fiel a su táctica de apretar cada vez que el Estado español flojea, el nacionalismo catalán jugaba fuerte para conseguir una autonomía propia (la primera pitada al himno nacional tuvo lugar en 1925 en el campo del F. C. Barcelona, con el resultado inmediato —eran tiempos de menos mamoneo y paños calientes que ahora— del cierre temporal del estadio). El ambiente cataláunico estaba espeso: violencia pistolera y chulería nacionalista dificultaban los acuerdos, y la posibilidad de una salida razonable, sensata, se truncó sin remedio. Por otro lado, uno de los problemas graves era que todo llegaba a la opinión pública a través de una prensa poco libre e incluso amordazada, pues la represión de Primo de Rivera se centró especialmente en intelectuales y periodistas, entre los que se daba el principal elemento crítico contra la dictadura. El régimen no tenía base social y el Parlamento era un paripé. Había multas, arrestos y destierros. Primo de Rivera odiaba a los intelectuales y éstos lo despreciaban a muerte. Las universidades, los banquetes de homenaje, los actos culturales, se convertían en protestas contra el dictador. Blasco Ibáñez, Unamuno, Ortega y Gasset, entre muchos, tomaron partido contra él. Y Alfonso XIII, el rey frívolo y señorito que había alentado la solución autoritaria, empezó a distanciarse de su mílite favorito. Demasiado tarde.

El vínculo era muy estrecho; ya no había marcha atrás ni forma de progresar por una vía liberal; así que para cuando el rey dejó caer a Primo de Rivera, la monarquía parlamentaria estaba fiambre total. Alfonso XIII tenía en contra a todas las voces autorizadas, que no hablaban ya de convencerlo de nada, sino de echarlo a la puta calle. *Delenda est monarchia,* dijo Ortega y Gasset. Y a eso se dedicó el personal, pensando en una república. La verdad es que el rey lo había puesto fácil.

65. Un cadáver político

A Alfonso XIII, con sus torpezas e indecisiones, sus idas y venidas con mariachis a la reja de los militares y otros notables borboneos, se le pueden aplicar los versos que el gran Zorrilla había puesto en boca de don Luis Mejía, referentes a Ana de Pantoja, cuando aquél reprocha a don Juan Tenorio: *Don Juan, yo la amaba, sí / mas con lo que habéis osado / imposible la hais dejado / para vos y para mí.* En lo de la medicina autoritaria vía Primo de Rivera, le había salido el tiro por la culata; y su poca simpatía por el sistema de partidos se le seguía notando demasiado. Enrocada en la alta burguesía y la Iglesia católica como últimas trincheras, la España monárquica empezaba a ser inviable. Aquello no tenía marcha atrás, y además la imagen del rey no era precisamente la que los tiempos reclamaban, porque el lado frívolo del fulano hacía a menudo clamar al cielo: mucha foto en Biarritz y San Sebastián, mucho hipódromo, mucho automóvil, mucho aristócrata chupóptero cerca y mucho millonetis más cerca todavía, con algún viaje publicitario a Las Hurdes, eso sí, para repartir unos duros y hacerse fotos con los parias de la tierra. Todo eso (en un paisaje donde la pugna europea entre derechas e izquierdas, entre fuerzas conservadoras y fuerzas primero descontentas y ahora revolucionarias, tensaba las cuerdas hasta partirlas) era pasearse irresponsablemente por el borde del abismo. Para más complicación —*Dios nos libre de caer en manos de héroes*—, la guerra de África y la dura campaña del Rif habían creado un nuevo tipo de militar español, tan admirable en el campo de batalla como peligroso en la retaguardia, nacionalista a ultranza, proclive a la camaradería con sus iguales, duro, agresivo y con fuerte moral de combate, hecho a la violencia y a no dar cuartel al adversario. Un tipo de militar que, como consecuencia de los disparates políticos que habían dado lugar a las tragedias de Marruecos, despreciaba profundamente el sistema parlamentario y conspiraba en juntas, casinos militares y salas de banderas, y luego en la calle, contra lo que no le gustaba. En su mayor parte, esos mílites eran nacionalistas y patriotas radicales, con la diferencia de que, sobre todo tras el fracaso de la dictadura de Primo de Rivera, unos se inclinaban por soluciones autoritarias conservadoras, y otros —éstos eran menos, aunque no pocos— por soluciones autoritarias desde la izquierda. Que ambas manos cuecen habas. En cualquier caso, unos y otros estaban convencidos de que la monarquía iba de cráneo y cuesta abajo; y así, el republicanismo (en contra de lo que piensan hoy muchos idiotas, siempre hubo republicanos de izquierdas y de derechas) se extendía por la rúa tanto como por los cuarteles. Por otra parte, los desafíos vasco y catalán, este último cada vez más inclinado al separatismo insurreccional, emputecían mucho el paisaje; y el oportunismo de numerosos políticos centralistas y periféricos, ávidos de pescar en río revuelto, complicaba toda solución razonable. Tampoco la Iglesia católica, con la que se tropezaba a cada paso en materia de educación escolar, emancipación de la mujer y reformas sociales, facilitaba las cosas. Una monarquía constitucional y democrática se había vuelto imposible porque el rey mismo la había matado; y ahora, ido el dictador Primo de Rivera, Alfonso XIII recuperaba un cadáver político: el suyo. La prensa, el ateneo y la cátedra exigían un cambio serio y el fin del pasteleo. Hervían las universidades que daba gusto, los jóvenes obreros y estudiantes se afiliaban a sindicatos y organizaciones políticas y alzaban la voz, y las fuerzas más a la izquierda apuntaban a la república no ya como meta final, sino como sólo un paso más hacia el socialismo. Los partidarios del trono eran cada vez menos, e intelectuales como Ortega y Gasset, Unamuno o Marañón hicieron fuego directo contra Alfonso XIII. Nadie se fiaba del rey. Los últimos tiempos de la monarquía fueron agónicos; ya no se pedían reformas, sino echar al monarca a la puta calle. Se organizó una conspiración militar republicana por todo lo alto, al viejo estilo del XIX; pero salió el cochino mal capado, porque antes de la fecha elegida para la sublevación, que incluía huelga general, dos capitanes exaltados, Galán y García Hernández, se adelantaron dando el cante en Jaca, por su cuenta. Fueron fusilados más pronto que deprisa —eso los convirtió en mártires populares— y el pronunciamiento se fue al carajo. Pero el pescado estaba vendido. Cuando en enero de 1931 se convocaron elecciones, todos sabían que éstas iban a ser un plebiscito sobre monarquía o república. Y que venían tiempos interesantes.

66. Otra vez demócratas de toda la vida

Alfonso XIII sólo sobrevivió, como rey, un año y tres meses a la caída del dictador Primo de Rivera, a quien había ligado su suerte, primero, y dejado luego tirado como una colilla. Abandonado por los monárquicos, despreciado por los militares, violentamente atacado por una izquierda a la que sobraban motivos para atacar, las elecciones de 1931 dieron la puntilla al rey y a la monarquía. Las había precedido una buena racha de desórdenes políticos y callejeros. De una parte, los movimientos de izquierdas, socialistas y anarquistas, apretaban fuerte, con banderas tricolores ondeando en sus mítines, convencidos de que esa vez sí se llevaban el gato al agua. Al otro lado del asunto, la derecha se partía en dos: una liberal más democrática, de carácter republicano, y otra ultramontana, enrocada en la monarquía y la Iglesia católica como bastiones de la civilización cristiana, de contención ante la feroz galopada comunista, aquel fantasma que recorría Europa y estaba poniendo buena parte del mundo patas arriba. El caso es que, en las elecciones municipales del 12 de abril, en cuarenta y dos de cuarenta y cinco ciudades importantes arrasó la coalición republicano-socialista. Lo urbano se había pronunciado sin paños calientes por la República, o sea: por que Alfonso XIII se fuera a tomar viento. Los votos del ámbito rural, sin embargo, salieron favorables a las listas monárquicas; pero las izquierdas sostenían, no sin razón, que ese voto estaba en mano de los caciques locales y, por tanto, era manipulado. Por lo que, antes de que acabara el recuento, la peña se adelantó echándose a la calle, sobre todo en Madrid, a celebrar la caída del rey. A esas alturas, el monarca no podía contar ya ni con el Ejército. Estaba indefenso. Y, como ocurrió siempre (y sigue ocurriendo en esa clase de situaciones, que es lo bonito y lo ameno que tenemos aquí), los portadores de botijo palaciegos que hasta ayer habían sido fieles monárquicos descubrieron de pronto, al mirarse al espejo, que toda la vida habían sido republicanos hasta las cachas, oiga, por favor, demócratas de toda la vida, por quién me toma usted. Y los cubos de basura y los tenderetes del Rastro madrileño se llenaron, de la noche a la mañana, de retratos de su majestad Alfonso XIII a caballo, a pie, en coche, de militar, de paisano, de jinete de polo, con clavel en la solapa y con entorchados de almirante de la mar océana. Y todas las señoras en las que había pernoctado su majestad, que a esas alturas eran unas cuantas, lo mismo aristócratas que bataclanas —el hombre nos había salido muy aficionado al intercambio de microbios—, se apresuraron a retirar del aparador y esconder las fotos, dedicadas en plan *A mi querida Fulanita o Menganita, tu rey, etcétera.* Y en fin. El ciudadano Borbón hizo las maletas y se fue al destierro con una celeridad extraordinaria, en plan Correcaminos, por si la cosa no quedaba sólo en eso. *No quiero que se derrame una gota de sangre española,* dijo al irse, acuñando frase para la Historia; lo que demuestra que, además de torpe e incompetente como rey, como adivinador del futuro era un puñetero desastre. De cualquier modo, en aquel momento los españoles —siempre ingenuos cuando decidimos no ser violentos, envidiosos o miserables— consideraban el horizonte mucho más luminoso que negro. La gente llenaba las calles, entusiasmada, agitando la nueva bandera con su franja morada; y los políticos, tanto los republicanos de toda la vida como los que acababan de ver la luz y subirse al carro, se dispusieron a establecer un nuevo Estado español democrático, laico y social que respetase, además, las peculiaridades vasca y catalana. Ése era el futuro, nada menos. Así que imaginen ustedes el ambiente. Todo pintaba bien, en principio, al menos en los titulares de los periódicos, en los cafés y en las conversaciones de tranvía. Con las primeras elecciones, moderados y católicos quedaron en minoría, y se impusieron los republicanos de izquierda y los socialistas. Una España diferente, distinta a la que llevaba siglos arrastrándose ante el trono y el altar —cuando no exiliada, encarcelada o fusilada—, era posible de nuevo. Pongan aquí música de violines: la Historia, a menudo mezquina con nosotros, ofrecía otra rara oportunidad. Una ocasión de oro que, naturalmente, en espectacular alarde de nuestra eterna capacidad para el suicidio político y social, nos íbamos a cargar en sólo cinco años. Casi vista y no vista. Y es que, como decía un personaje de no recuerdo qué novela —igual hasta era mía—, España sería un país estupendo si no estuviera lleno de españoles.

67. La sombra de Caín

Y allí estábamos los españoles, o buena parte de ellos, muy contentos con aquella Segunda República parlamentaria y constitucional, dispuestos a redistribuir la propiedad de la tierra, acabar con la corrupción, aumentar el nivel de vida de las clases trabajadoras, reformar el Ejército, fortalecer la educación pública y separar la Iglesia del Estado. En eso andábamos, dispuestos a salir del calabozo oscuro donde siglos de reyes imbéciles, ministros infames y curas fanáticos nos habían tenido a pan y agua. Pero la cosa no era tan fácil en la práctica como en los titulares de los periódicos. De la trágica lección de la Primera República, que se había ido al carajo en un sindiós de demagogia e irresponsabilidad, no habíamos aprendido nada, y eso iba a notarse pronto. En un país donde la pobreza y el analfabetismo eran endémicos, las prisas por cambiar en un par de años lo que habría necesitado el tiempo de una generación resultaban mortales de necesidad. Crecidos los vencedores por el éxito electoral, todo el mundo pretendió cobrarse los viejos agravios en el plazo más corto posible, y eso suscitó agravios nuevos. Quizá fuera la arrogancia que dan los votos. El caso es que, una vez conseguido el poder, la izquierda, una alianza de republicanos y socialistas, se impuso como primer objetivo *triturar* —es palabra atribuida al presidente Manuel Azaña— a la Iglesia y al Ejército, principales apoyos del viejo régimen conservador que se pretendía destruir. O sea, liquidar por la cara, de la noche a la mañana, dos instituciones añejas, poderosas y con más conchas que un galápago. Calculen la ingenuidad, o la chulería. Y en vez de ir pasito a pasito, los gobernantes republicanos se metieron en un peligroso jardín. Lo del Ejército, desde luego, clamaba al cielo. Aquello era el descojone. Había 632 generales para una fuerza de sólo 100.000 hombres, lo que suponía un general por cada 158 militares; y hasta Calvo Sotelo, que era un político de la derecha dura, decía que era una barbaridad. Pero las reformas castrenses empezaron a aplicarse con tanta torpeza, sin medir fuerzas ni posibles reacciones, que la mayor parte de los jefes y oficiales (que al fin y al cabo eran quienes tenían los cuarteles y las escopetas) se encabronaron bastante y se la juraron a la República que de tal modo venía a tocarles las narices. Aun así, el patinazo gordo lo dieron los gobiernos republicanos con la santa madre Iglesia. Despreciando el enorme poder social que en este país supersticioso y analfabeto, pese a haber votado a las izquierdas, aún tenían colegios privados, altares, púlpitos y confesonarios, los radicales se tiraron directamente a la yugular eclesiástica con lo que Salvador de Madariaga —poco sospechoso de ser de derechas— calificaría de *anticlericalismo estrecho y vengativo.* Es decir, que los políticos en el poder no sólo declararon aconfesional la República, pretendieron disolver las órdenes religiosas, fomentaron el matrimonio civil y el divorcio y quisieron imponer la educación laica multiplicando las escuelas, lo que era bueno y deseable, sino que además dieron pajera libre a los descerebrados, a los bestias, a los criminales y a los incontrolados que al mes de proclamarse el asunto empezaron a quemar iglesias y conventos, y a montar desparrames callejeros que nadie reprimía. *Nin-*

gún convento vale una gota de sangre obrera, fue la respuesta oficial del gobierno cuando se le pidió que parase aquello. Y eso dio lugar a una peligrosa impunidad; a un problema de orden público —lo mismo a ustedes también les suena actual el asunto— que, ya desde el primer momento, truncó la fe en la República de muchos que la habían deseado y aplaudido. Empezaron así a abrirse de nuevo, como una eterna maldición, nuestras viejas heridas; el abismo entre los dos bandos que destrozaron siempre la convivencia en España. Iglesia y Estado, católicos y anticlericales, amos y trabajadores, orden establecido y revolución. A consecuencia de esos antagonismos, como señala el historiador Julián Casanova, *la República encontró enormes dificultades para consolidarse y tuvo que enfrentarse a fuertes desafíos desde arriba y desde abajo.* Porque mientras obispos y militares fruncían el ceño desde arriba, por abajo tampoco estaban dispuestos a poner vaselina. Después de tanto soportar injusticias y miseria, cargados de razones, de ganas y de rencor, anarquistas y socialistas tenían prisa, y también ideas propias sobre cómo acelerar el cambio de las cosas. Y del mismo modo que derechas e izquierdas habían conspirado contra la primera República, haciéndola imposible, la España eterna, siempre a gusto bajo la sombra de Caín, se disponía a hacer lo mismo con la segunda.

68. Entre todos la mataron

Contra la Segunda República, o sea, contra la democracia al fin conseguida en España en 1931, conspiraron casi desde el principio tanto las derechas como las izquierdas. En una especie de trágico juego de las siete y media que íbamos a pagar muy caro, a unos molestaba por excesiva, y a otros por quedarse corta. Al principio se tomó la cosa en serio, y a la reorganización del Ejército y la limitación de poderes de la Iglesia católica se añadieron importantes avances sobre los salarios de las clases trabajadoras, la distribución más justa de la propiedad de la tierra, la educación pública y la protección laboral. Nunca habíamos tenido en España un avance tan evidente en democracia real y conquistas sociales. Pero el lastre de siglos de atraso, la cerrazón de las viejas fuerzas oscuras y las tensiones irresolubles de la industrialización, el crecimiento urbano y la lucha de clases que sacudían a toda Europa iban a reventarnos la fiesta. Después de los primeros momentos de euforia republicana y buen rollo solidario, crecieron la radicalización política, las prisas, los recelos y la intransigencia en todas partes. Presionado por la realidad y las ganas de rápido cambio social, el tinte moderado y conservador de los primeros tiempos se fue al carajo. La vía natural para consolidar aquella República habría sido, probablemente, el socialismo; pero, como de costumbre, la división interna de éste rompió las costuras: había un sector moderado, otro centrista y otro radical: el de Largo Caballero. La izquierda más o menos razonable, la del presidente Manuel Azaña, tuvo que apoyarse en la gente de Largo Caballero, que a su vez se veía obligado a rivalizar en radicalismo con comunistas y anarquistas. Era como una carrera hacia el abismo en la que todos competían. Subió el tono retórico en una prensa a menudo partidista e irresponsable. Se trazaban líneas infranqueables, no siempre correspondientes con la realidad, entre empresarios y trabajadores, entre opresores y oprimidos, entre burgueses ricos y parias de la tierra, y se hablaba menos de convencer al adversario que de exterminarlo. Todo el rencor y la vileza ancestrales, todo el oportunismo, todo el odio endémico que un pueblo medio analfabeto y carente de cultura democrática arrastraba desde hacía siglos, salió de nuevo a relucir como herramienta de una clase política con pocos escrúpulos. Por supuesto, nacionalistas vascos y catalanes, dispuestos a aprovechar toda ocasión, complicaron más el panorama. Y así, recordando el fantasma reciente de la Revolución rusa, la burguesía, el capital, los propietarios y la gente acomodada empezaron a acojonarse en serio. La Iglesia católica y buena parte de los jefes y oficiales del Ejército estaban cada vez más molestos por las reformas radicales, pero también por los excesos populistas y los desórdenes públicos que los gobiernos republicanos no atajaban. Y tampoco las izquierdas más extremas facilitaban las cosas. Los comunistas, todavía pocos pero férreamente disciplinados y bajo el control directo de la Rusia soviética, criticaban ya en 1932 al *gobierno burgués agrario de Azaña* y a los socialistas, *fusileros de vanguardia de la contrarrevolución*. Por su parte, el Partido Socialista, por boca de Largo Caballero, afirmaba en 1933 estar dispuesto a que en España ondeara *no la bandera tricolor de una república burguesa, sino la bandera roja de la revolución*. La guinda al asunto la pusieron los anarquistas, que eran mayoritarios en Cataluña, Aragón y Levante. Éstos, cuyo sindicato CNT (1.527.000 afiliados en 1936) superaba a su rival socialista UGT (1.444.474), iban a contribuir mucho al fracaso de la República, tanto durante ésta como en la contienda civil que estaba a punto de caramelo; pues a diferencia de comunistas y socialistas (que, mal que bien, procuraban mantener una apariencia republicana y no asustar mucho), el escepticismo libertario ante las vías políticas moderadas empujaba con facilidad a los anarcos al exceso revolucionario de carácter violento, expropiador, pistolero e incendiario. Y así, entre unos y otros, derechas conspiradoras, izquierdas impacientes, irresponsabilidad política y pueblo desorientado y manipulado por todos, con el Parlamento convertido en un disparate de demagogia y mala fe, empezaron a surgir los problemas serios: pronunciamiento del general Sanjurjo, matanza de Casas Viejas, revolución de Asturias y autoproclamación de un Estado catalán independiente de la República. De todo lo cual hablaremos con detalle en el próximo capítulo de esta apasionante y trágica historia.

69. Y ELLA SOLA SE MURIÓ

Entre los errores cometidos por la Segunda República, el más grave fue la confrontación con la Iglesia católica. En vez de proceder a un desmantelamiento inteligente del inmenso poder que ésta seguía teniendo en España, apoyándose sobre todo en la educación escolar y la paciencia táctica, los gobiernos republicanos abordaron el asunto con prisas y torpes maneras, enajenándose los sentimientos religiosos de un sector importante de la sociedad española, desde los poderosos a los humildes: eliminación de procesiones de Semana Santa en varias ciudades y pueblos, cobro de impuestos en los entierros católicos y prohibición de repicar campanas para la misa, entre otras idioteces, encabronaron mucho a la peña practicante. Y al descontento conspirativo de cardenales, arzobispos y obispos se unía el de buena parte de los mandos militares, cuyos callos pisaba la República un día sí y otro también, perfilándose de ese modo un peligroso eje púlpitos-cuarteles que tendría nefastas consecuencias. La primera se llamó general Sanjurjo: un espadón algo bestia apoyado por los residuos monárquicos, por la Iglesia y por militares derechistas, que intentó una chapuza de golpe de Estado el verano de 1932, frustrado por la huelga general que emprendieron, con mucha resolución y firmeza, socialistas, anarquistas y comunistas. Ese respaldo popular dio vitaminas al gobierno republicano, que se lanzó a iniciativas osadas y necesarias que incluían una reforma agraria —que puso a los caciques rurales hechos unas fieras— y un estatuto de autonomía para Cataluña. El problema era que en el campo y las fábricas había mucha hambre, mucha necesidad, mucha incultura y muchas prisas, y la cosa se fue descontrolando, sobre todo donde los anarquistas entendieron que había llegado la hora de que el viejo orden se fuera por completo y con rapidez al carajo. Para espanto de una parte de la derecha y satisfacción de la parte más extrema, que aguardaba su ocasión, se sucedieron las huelgas e insurrecciones con tiros y muertos —Barcelona, Sevilla, Zaragoza, Pasajes, Alto Llobregat—, alentadas por el ala más dura de la CNT, el sindicato anarquista que a su vez estaba enfrentado a la UGT, el sindicato socialista, en una cada vez más agria guerra civil interna entre la gente de izquierda, pues ambas formaciones se disputaban la hegemonía sobre la clase trabajadora. La idea básica era que sólo la fuerza podía liquidar los privilegios de clase y emancipar a obreros y campesinos. De ese modo, el anarquismo se hacía cada vez más radical y violento, desconfiando de toda conciliación y abandonando la disciplina. En 1933, en plena huelga revolucionaria convocada por la CNT, en el pueblecito gaditano de Casas Viejas (donde cuatro de cada cinco trabajadores estaban en paro y en la más absoluta miseria), los desesperados lugareños le echaron huevos al asunto, cogieron las escopetas de caza y asaltaron el cuartel de la Guardia Civil. La represión ordenada por el gobierno republicano fue inmediata y bestial, con la muerte de veinticuatro personas —incluidos un anciano, dos mujeres y un niño— a las que se dio matarile a manos de la Guardia de Asalto y la Guardia Civil. Para esa época, las derechas ya se organizaban políticamente en la llamada Confederación Española de Derechas Autónomas, CEDA, liderada por

José María Gil Robles, en torno a la que se fue estableciendo (católicos, monárquicos, carlistas, republicanos de derechas y otros elementos conservadores, o sea, la llamada *gente de orden*) un frente único antimarxista y antirrevolucionario con un respaldo de votos bastante amplio. Y como no hay dos sin tres, y en España sin cuatro, a complicar el paisaje vino a sumarse el asunto catalán. Cuando, según los vaivenes políticos, el gobierno republicano pretendió imponer disciplina en el creciente desmadre nacional, diciendo vamos a ver, rediós, alguien tiene que mandar aquí y que se le obedezca, y un montón de líderes obreros fueron encarcelados por salirse de cauces, y la anterior simpatía hacia las aspiraciones autonómicas periféricas se enfrió en las Cortes, el presidente de la Generalitat, Lluís Companys, decidió montárselo aparte y proclamó por su cuenta *el Estado catalán dentro de una república federal española* que sólo existía en sus intenciones. De momento la desobediencia acabó controlada con muy poca sangre, pero eso llevaría a Companys al paredón tras la Guerra Civil, cuando cayó en manos franquistas. Aun así, es interesante recordar lo que en los años setenta dijo al respecto un viejo comunista: *Si hubiésemos ganado la guerra, a Companys también lo habríamos fusilado nosotros, por traidor a la República.*

70. ASTURIAS, PATRIA QUERIDA

La Segunda República, que con tantas esperanzas populares había empezado, se vio atrapada en una trampa mortal de la que no podía salvarla ni un milagro. Demasiada injusticia sin resolver, demasiadas prisas, demasiado desequilibrio territorial, demasiada radicalización ideológica, demasiado político pescando en río revuelto, demasiadas ganas de ajustar cuentas y demasiado hijo de puta con pistola. El triángulo de las Bermudas estaba a punto: reformismo democrático republicano —el más débil—, revolución social internacional y reacción fascio-autoritaria, con estas dos últimas armándose hasta los dientes y resueltas, sin disimulos y gritándolo, a cambiar los votos por las armas. Los titulares de periódicos de la época, los entrecomillados de los discursos políticos, ponen los pelos de punta. A esas alturas, una república realmente parlamentaria y democrática les importaba a casi todos un carajo. Hasta Gil Robles, líder de la derechista y católica CEDA, dijo aquello de: *La democracia no es para nosotros un fin, sino un medio para ir a la conquista de un Estado nuevo;* discurso que era, prácticamente, calcado al de socialistas y anarquistas (*¿Concordia? ¡No! ¡Guerra de clases!,* titulaba *El Socialista*). Sólo los comunistas, como de costumbre más fríos y profesionales —en ese tiempo todavía eran pocos—, se mostraban cautos para no alarmar a la peña, esperando disciplinados su ocasión, según les ordenaban desde Moscú. Y así, las voces sensatas y conciliadoras se iban acallando por impotencia o miedo bajo los gritos, los insultos, la chulería y las amenazas. Quienes hoy hablan de la Segunda República como de un edén social frustrado por el capricho de cuatro curas y generales no tienen ni puñetera idea de lo que pasó, ni han abierto un libro de historia serio en su vida —como mucho leen los de Ángel Viñas y el payaso Pío Moa, cada uno en una punta—. Aquello era un polvorín con la mecha encendida y se mascaba la tragedia. Si el primer intento golpista había venido de la derecha, con el golpe frustrado del general Sanjurjo, el segundo, más grave y sangriento, vino de la izquierda, y se llamó revolución de Asturias. En octubre de 1934, mientras en Cataluña el presidente Companys proclamaba un Estado catalán que fue disuelto con prudente habilidad por el general Batet (años más tarde fusilado por los franquistas, que no le perdonaron esa prudencia), el PSOE y la UGT decretaron una huelga general contra el gobierno de entonces —centro derecha republicano con flecos populistas—, que fue sofocada por la declaración del estado de guerra y la intervención del Ejército, encomendada al duro y prestigioso general (prestigio militar ganado como comandante del Tercio en las guerras de Marruecos) Francisco Franco Bahamonde, gallego por más señas. La cosa se resolvió con rapidez en todas partes menos en Asturias, donde las milicias de mineros socialistas apoyadas por grupos anarquistas y comunistas, sublevadas contra la legítima autoridad política republicana, le echaron pelotas, barrieron a la Guardia Civil, ocuparon Gijón, Avilés y el centro de Oviedo, y en los ratos libres se cargaron a treinta y cuatro sacerdotes y quemaron cincuenta y ocho iglesias, incluida la magnífica biblioteca del Seminario. El gobierno de la República mandó allá arriba a quince mil soldados y tres mil guardias civiles, incluidas tropas de choque de la Legión, fogueadas en África, y fuerzas de Regulares con oficiales europeos y tropa mora. Aquello fue un ensayo general con público, orquesta y vestuario, de la Guerra Civil que ya traía de camino Telepizza; un prólogo dramático en el que los revolucionarios resistieron como fieras y los gubernamentales atacaron sin piedad, llegándose a pelear a la bayoneta en Oviedo, que quedó hecha cisco. Semana y media después, cuando acabó todo, habían muerto tres centenares de gubernamentales y más de un millar de revolucionarios, con una represión bestial que mandó a las cárceles a treinta mil detenidos. Aquello dio un pretexto estupendo al ala derechista republicana para perseguir a sus adversarios, incluido el encarcelamiento del ex presidente Manuel Azaña —popular intelectual de la izquierda culta—, que nada había tenido que ver con el cirio asturiano. La parte práctica fue que, después de

Asturias, las izquierdas se convencieron de la necesidad de aparcar odios cainitas y presentarse a nuevas elecciones como un frente unido. Costó doce meses de encaje de bolillos, pero al fin hubo razonable unidad en torno al llamado Frente Popular. Y así despedimos 1935 y recibimos con bailes, matasuegras y serpentinas el nuevo año. Feliz 1936.

71. CARRERA HACIA EL ABISMO

En contra de lo que muchos creen, al empezar 1936 la Falange eran cuatro gatos. Falangistas de verdad, de los que luego se llamaron camisas viejas, había pocos. Más tarde, con la sublevación de la derecha, la guerra y sobre todo la postguerra, con la apropiación que el franquismo hizo del asunto, aquello creció como la espuma. Pero al principio, como digo, los falangistas apenas tenían peso político. Eran marginales. Su ideología era abiertamente fascista, partidaria de un Estado totalitario que liquidase parlamentos y otras mariconadas. Pero a diferencia de los nazis, que eran una pandilla de gángsters liderados por un psicópata y secundados con entusiasmo por un pueblo al que le encantaba delatar al vecino y marcar el paso, y también a diferencia de los fascistas italianos, cuyo jefe era un payaso megalómano con plumas de pavo real a quien Curzio Malaparte —que por un tiempo fue de su cuerda— definió con plena exactitud como *un gran imbécil,* la Falange había sido fundada por José Antonio Primo de Rivera, hijo del dictador don Miguel. Y aquí había sus matices, porque José Antonio era abogado, culto, viajado, hablaba inglés y francés, y además era guapo, el tío, con una planta estupenda que ante las jóvenes de derechas, y ante las no tan jóvenes, le daba un aura melancólica de héroe romántico; y ante los chicos de la burguesía y las clases altas, de donde salió la mayor parte de los falangistas de la primera hora, lo marcaba con un encanto amistoso de clase y un aire de camaradería que los empujaba a seguirlo con entusiasmo; y más en aquella España donde los políticos tradicionales se estaban revelando tan irresponsables, oportunistas e infames como los que tenemos ahora, sólo que entonces había más hambre e incultura que ahora, y además la gente llevaba pistola. Y aunque de todo había en derechas e izquierdas, o sea, clase alta, media y baja, podríamos apuntar, para aclararnos, que pese a sus esfuerzos la Falange nunca llegó a cuajar entre las clases populares, que la consideraban cosa de señoritos; y que en aquel 1936, que tanta cola iba a traer, lo más combativo de la juventud española no era ya que estuviese dividida entre falangistas, carlistas, católicos y derechistas en general, de una parte, y socialistas, anarquistas y comunistas —estos últimos también todavía minoritarios— de la otra, sino que tales jóvenes, fuertemente politizados, incluso compañeros de estudios o de pandilla de amigos, empezaban a matarse entre sí a tiro limpio, en la calle, con acciones, represalias y contrarrepresalias que aumentaban la presión en la olla. Hasta los estudiantes se enfrentaban, unos como falangistas y otros como miembros de la Federación Universitaria Escolar (FUE), de carácter marxista. Sobre todo los falangistas, duros y activos, estaban decididos a destruir el sistema político vigente para imponer un Estado fascista. Eran agresivos y valientes, pero también lo eran los del bando opuesto; de modo que se sucedían las provocaciones, los tiroteos, los entierros, los desafíos y ajustes de cuentas. Había velatorios en las morgues donde se encontraban, junto a los féretros de sus muertos, jóvenes obreros socialistas y jóvenes falangistas. A veces se acercaban unos a otros a darse tabaco y mirarse de cerca, en trágicas treguas, antes de salir a la calle y matarse de nuevo. Derechas e izquierdas conspiraban sin rebozo, y sólo algunos pringados pronunciaban la palabra *concordia*. Los violentos y los asesinos seguían siendo minoritarios, pero hacían mucho ruido. Y ese ruido era aprovechado por los golfos que convertían las Cortes en un patio infame de reyertas, chulerías y amenazas. El desorden callejero crecía imparable, y los sucesivos gobiernos perdían el control del orden público por demagogia, indecisión, cobardía o parcialidad política. La llamada *gente de orden* estaba harta, y las izquierdas sostenían que sólo una revolución podía derribar aquella *república burguesa* a la que consideraban *tan represiva como la monarquía* (titulares de prensa). Unos se volvían hacia Alemania e Italia como solución y otros hacia la Unión Soviética, mientras los sensatos que miraban hacia las democracias de Gran Bretaña o Francia eran sofocados por el ruido y la furia. La pregunta que a esas alturas se hacían todos era si el siguiente golpe de Estado, el puntillazo a la maltrecha República, lo iban a dar las derechas o las izquierdas. Aquello se había convertido en una carrera hacia el abismo. Y cuando pita la locomotora de cualquier abismo, los españoles nunca perdemos la ocasión de subirnos al tren.

72. Cuánto cuento y cuánta mierda

Y al fin, como se estaba viendo venir, llegó la tragedia y los votos se cambiaron por las armas. Un periódico de Cartagena sacó en primera página un titular que resumía bien el ambiente: *Cuánto cuento y cuánta mierda*. Ése era el verdadero tono del asunto. En vísperas de las elecciones de principios de 1936, a las que las izquierdas, contra su costumbre, se presentaban por fin unidas en el llamado Frente Popular, el líder de la derecha, Gil Robles, había afirmado: *Sociedad única y patria única. Y al que quiera discutirlo hay que aplastarlo.* Por su parte, Largo Caballero, líder del ala socialista radical, había sido aún más explícito e irresponsable: *Si ganan las derechas, tendremos que ir a una guerra civil declarada.* Casi diez de los trece y pico millones de votantes (el 72 por ciento, que se dice pronto) fueron a las urnas: 4,7 millones votaron izquierdas y 4,4 millones votaron derechas. Diferencia escasa, o sea, trescientos mil cochinos votos. Poca cosa, aunque el número de escaños, por la ley electoral, fue más de doble para los frentepopulistas. Eso echó a la calle, entusiasmados, a sus partidarios. Habían ganado las izquierdas. Así que quienes decidieron ir a la guerra civil, con las mismas ganas, fueron los otros. Mientras Manuel Azaña recibía el encargo de formar gobierno, reactivando todas las reformas sociales y políticas anuladas o aparcadas en los últimos tiempos, la derecha se echó al monte. Banqueros de postín como Juan March, que a esas alturas ya habían puesto la pasta a buen recaudo en el extranjero, empezaron a ofrecerse para financiar un golpe de Estado como Dios manda, y algunos destacados generales contactaron discretamente con los gobiernos de Alemania e Italia para sondear cómo verían el sartenazo a la República. En toda España los militares leales y los descontentos se miraban unos a otros de reojo, y señalados jefes y oficiales empezaron a tomar café conspirando en voz cada vez más alta, sin apenas disimulo. Pero tampoco el gobierno se atrevía a poner del todo los pavos a la sombra, por no irritarlos más. Y por supuesto, desde el día siguiente de ganar las elecciones la unidad de la izquierda se había ido al carajo. La demagogia alternaba con la irresponsabilidad y la chulería. Con casi novecientos mil obreros y campesinos en paro y hambrientos, la economía hecha trizas, el capital acojonado, la mediana y pequeña burguesía inquieta, los más previsores largándose —quienes podían— al verlas venir, la calle revuelta y el pistolerismo de ambos bandos ajustando cuentas en cada esquina, el ambiente se pudría con rapidez. Aquello apestaba a pólvora y a sangre. El político Calvo Sotelo, que estaba desplazando a Gil Robles al frente de la derecha, dijo en las Cortes eso de: *Cuando las hordas rojas avanzan, sólo se les conoce un freno: la fuerza del Estado y la transfusión de las virtudes militares: obediencia, disciplina y jerarquía. Por eso invoco al Ejército.* Cualquier pretexto casual o buscado era bueno. Faltaba la chispa detonadora, y ésta llegó el 12 de julio. Ese día, pistoleros falangistas —el jefe, José Antonio, estaba encarcelado por esas fechas, pero seguían actuando sus escuadras— le dieron matarile al teniente Castillo, un conocido socialista que era oficial de la Guardia de Asalto. Para agradecer el detalle, algunos subordinados y compañeros del finado secuestraron y asesinaron a Calvo Sotelo, y Gil Robles se les escapó por los pelos. La foto de Calvo Sotelo hecho un cristo, fiambre sobre una mesa de la morgue, conmocionó a toda España. *Este atentado es la guerra,* tituló *El Socialista.* Y vaya si lo era, aunque si no hubiera sido ése habría sido cualquier otro (*Cuando te toca, ni aunque te quites; y cuando no te toca, ni aunque te pongas,* dicen en México). Por aquellas fechas del verano, todo el pescado estaba vendido. Unas maniobras militares en Marruecos sirvieron para engrasar los mecanismos del golpe que, desde Pamplona y con apoyo de importantes elementos carlistas, coordinaba el general Emilio Mola Vidal, en comunicación con otros espadones entre los que se contaban el contumaz golpista general Sanjurjo y el general Franco, muy respetado por las tropas de África. En vísperas de la sublevación, prevista para el 17 de julio, Mola —un tipo inteligente, duro y frío como la madre que lo parió— había preparado listas de personalidades militares, políticas y sindicales a detener y fusilar. El plan era un golpe rápido que tumbase a la República e instaurase una dictadura militar. *La acción ha de ser en extremo violenta para reducir lo antes posible al enemigo,* escribió a los conjurados. Nadie esperaba que esa acción puntual en extremo violenta fuera a convertirse en una feroz guerra de tres años.

73. Rojos y nacionales

Del 17 al 18 de julio, la sublevación militar iniciada en Melilla se extendió al resto de plazas africanas y a la Península con el apoyo civil de carlistas y falangistas. De cincuenta y tres guarniciones militares, cuarenta y cuatro dieron el cante. Entre quienes llevaban uniforme, algunos se echaron para adelante con entusiasmo, otros de mala gana y otros se negaron en redondo (en contra de lo que suele contarse, una parte del Ejército y de la Guardia Civil permaneció fiel a la República). Pero el cuartelazo se llevó a cabo, como ordenaban las instrucciones del general Mola, sin paños calientes. Allí donde triunfó el golpe, jefes, oficiales y soldados que no se sumaron a la rebelión, incluso indecisos, fueron apresados y fusilados en el acto o en los días siguientes. En las listas negras empezaron a tacharse nombres vía cárcel, cuneta o paredón. Militares desafectos o tibios, políticos, sindicalistas, gente señalada por sus ideas de izquierda, empezaron a pasar por la máquina de picar carne. La represión de cuanto olía a República fue deliberada desde el primer momento, fría e implacable; se trataba de aterrorizar y paralizar al adversario. Que, por su parte, reaccionó con notable rapidez y eficacia, dentro del caos reinante. La pequeña parte del Ejército que permaneció fiel, militares profesionales apoyados por milicias obreras y campesinas armadas a toda prisa, mal organizadas pero resueltas a combatir con entusiasmo a los golpistas, resultó clave en aquellos días decisivos, pues se opuso con firmeza a la rebelión y la aplastó en media Península. En Barcelona, en Oviedo, en Madrid, en Valencia, en la mitad de Andalucía, la sublevación fracasó; y muchos rebeldes, que no esperaban tanta resistencia popular, quedaron aislados y en su mayor parte acabaron palmando —ahí se hacían pocos prisioneros—. Cuatro días después, lo que iba a ser un golpe de Estado rápido y brutal, visto y no visto, se empezó a estancar. Las cosas no eran tan fáciles como en el papel. Sobre el 21 de julio, España ya estaba partida en dos. El gobierno republicano conservaba el control de las principales zonas industriales —los obreros, batiéndose duro, habían sido decisivos— y una buena parte de las zonas agrícolas, casi toda la costa cantábrica y casi todo el litoral mediterráneo, así como la mayor parte de la flota y las principales bases aéreas y aeródromos. Pero en las zonas que controlaban los rebeldes, y a partir de ellas, éstos se movían con rapidez, dureza y eficacia. Gracias a la ayuda técnica, aviones y demás, que alemanes e italianos (cuya tecla habían pulsado los golpistas antes de tirarse a la piscina) prestaron desde el primer momento, los legionarios del Tercio y los moros de Regulares empezaron a llegar desde las guarniciones del norte de África, y las columnas rebeldes aseguraron posiciones y avanzaron hacia los centros de resistencia más próximos. Se enfrentaban así eficacia y competencia militar, de una parte, contra entusiasmo popular y ganas de pelear de la otra; hasta el punto de que, a fuerza de cojones y escopetazos, ambas fuerzas tan diferentes llegaron a equilibrarse en aquellos primeros momentos. Lo que dice mucho, si no de la preparación, sí de la firmeza combativa de las izquierdas y su parte correspondiente de pueblo armado. Empezó así la primera de las tres fases en las que iba a desarrollarse aquella guerra civil que ya estaba a punto de nieve: la de consolidación y estabilización de las dos zonas, que se prolongaría hasta finales de año con el frustrado intento de los sublevados por tomar Madrid (la segunda fase, hasta diciembre de 1938, fue ya una guerra de frentes y trincheras; y la tercera, la descomposición republicana y las ofensivas finales de las tropas rebeldes). Los sublevados, que apelaban a los valores cristianos y patrióticos frente a la barbarie marxista, empezaron a llamarse a sí mismos «tropas nacionales», y en la terminología general quedó este término para ellos, así como el de «rojos» para los republicanos. Pero el problema principal era que esa división en dos zonas, roja y nacional, no se correspondía exactamente con quienes estaban en ellas. Había gente de izquierdas en zona nacional y gente de derechas en zona roja. Incluso soldados de ambos bandos estaban donde les había tocado, no donde habrían querido estar. También gente ajena a unos y otros, a la que aquel sangriento disparate pillaba en medio. Y entonces, apelando al verdugo y al inquisidor que siglos de historia infame nos dejaron en las venas, los que tenían las armas en una y otra zona se aplicaron, con criminal entusiasmo, a la tarea de clarificar el paisaje.

74. Horrores de retaguardia

Ahora, ya de nuevo y por fin en esa gozosa guerra civil en la que tan a gusto nos sentimos los españoles, con nuestra larga historia de bandos, facciones, odios, envidias, rencores, etiquetas y nuestro constante «estás conmigo o contra mí», nuestro «al adversario no lo quiero vencido ni convencido, sino exterminado», nuestro «lo que yo te diga» y nuestro «se va a enterar ese hijo de puta», cuando disponemos de los medios y la impunidad adecuada, y sumando además la feroz incultura del año 36 y la mala simiente sembrada en unos y otros por una clase política ambiciosa, irresponsable y sin escrúpulos, vayan haciéndose ustedes idea de lo que fue la represión del adversario en ambos bandos, rebelde y republicano, nacional y rojo, cuando el pifostio se les fue a todos de las manos: unos golpistas que no consiguieron doblegar con rapidez la resistencia popular, como pretendían, y unos leales a la República que, sumidos en el caos de un Estado al que entre todos habían pasado años destruyendo hasta convertirlo en una piltrafa, se veían incapaces de aplastar el levantamiento, por muchas ganas y voluntad que le echaran al asunto. Con la mayor parte del Ejército en rebeldía, secundada por falangistas, carlistas y otras fuerzas de derecha, sólo las organizaciones políticas de izquierda, en unión de algunas tropas leales, guardias de asalto y unos pocos guardias civiles no sublevados, estaban preparadas para hacer frente al asunto. Así que se decidió armar al pueblo como recurso. Eso funcionó en algunos lugares y en otros no tanto; pero la confrontación del entusiasmo popular con la fría profesionalidad de los rebeldes obró el milagro de igualar las cosas. Obreros y campesinos con escopetas de caza y fusiles que no sabían usar mantuvieron media España para la República y murieron con verdadero heroísmo en la otra media. Así, poco a poco, entre durísimos combates, los frentes se fueron estabilizando. Pero a esa guerra civil se había llegado a través de mucho odio, al que venía a sumarse, naturalmente, la muy puerca condición humana. Allí donde alguien vencía, como suele ocurrir, todos acudían en socorro del vencedor: unos por congraciarse con el más fuerte, otros para borrar viejas culpas, otros por ambición, supervivencia o ganas de venganza. Así que a la matanza de los frentes de batalla, por una parte, a la calculada y criminal política de represión sistemática puesta en pie por el bando rebelde para aterrorizar y aplastar al adversario, a la ejecución también implacable —y masiva, a menudo— por parte de los republicanos de los militares rebeldes y derechistas activos que en los primeros momentos cayeron en sus manos, o sea, a todo ese disparate de sangre inmediata y en caliente, vino a añadirse el horror frío y prolongado de la retaguardia. De ambas retaguardias. De aquellos lugares donde no había gente que se pegaba tiros de trinchera a trinchera de tú a tú, que mataba y moría por sus ideas o simplemente porque la casualidad la había puesto en tal o cual bando (caso de la mayor parte de los combatientes de todas las guerras civiles que en el mundo han sido), sino gentuza emboscada, delincuentes, oportunistas, ladrones y asesinos que se paseaban con armas a cientos de kilómetros del frente, matando, torturando, violando y robando a mansalva, lo mismo con el mono de miliciano que con la boina de requeté o la camisa azul de Falange. Canallas oportunistas, todos ellos, a quienes los militares rebeldes encomendaron la parte más sucia de la represión y el régimen de terror que estaban resueltos a imponer; y a los que, en el otro lado, el gobierno republicano, rehén del pueblo al que no había tenido más remedio que armar, era incapaz de controlar mientras se dedicaban, en un sindiós de organizaciones, grupos y pandillas de matones y saqueadores, todos en nombre del pueblo y la República, a su propia revolución brutal, a sus ajustes de cuentas, a su caza de curas, burgueses y fascistas reales o imaginarios. Eso, cuando no eran las autoridades quienes lo alentaban. Así que cuidado. No todos los que hoy recuerdan con orgullo a sus abuelos, heroicos luchadores de la España republicana o nacional, saben que muchos de esos abuelos no pasaron la guerra peleando con sus iguales, matando y muriendo por sus ideas o su mala suerte, sino sacando de sus casas de madrugada a infelices, cebando cunetas y tapias de cementerios con maestros de escuela, terratenientes, sacerdotes, militares jubilados, sindicalistas, votantes de derechas o de izquierdas, incluso simples propietarios de algo bueno para expropiar o robar. Así que menos orgullo y menos lobos, Caperucita.

75. PALO Y TENTETIESO

Transformado el golpe militar en guerra civil, el bando nacional —a diferencia del republicano— comprendió, con mucha lucidez militar, la necesidad de un mando único para conducir de forma eficaz aquella matanza. También la Alemania nazi y la Italia fascista exigían un interlocutor concreto, un nombre, un rostro con quien negociar apoyo financiero, diplomático y militar. Y su favorito de toda la vida era el general Franco. Ante esa evidencia, la junta rebelde acabó cediendo a éste los poderes, que se vieron reforzados —aquel espadón gallego y bajito era un tipo con suerte— porque los generales Sanjurjo y Mola palmaron en sendos accidentes de aviación. Y cuando las tropas nacionales fracasaron en su intento de conquistar Madrid y la cosa tomó derroteros de guerra larga, el flamante jefe supremo decidió actuar con minuciosa y criminal calma, sin prisas, afianzando de forma contundente las zonas conquistadas, sin importarle un carajo la pérdida de vidas humanas propias o ajenas. La victoria final podía esperar, pues mientras tanto había otras teclas importantes que ir tocando: asegurar su poder y afianzar la retaguardia. Así, mientras la parte bélica del que ya se llamaba Alzamiento Nacional discurría por cauces lentos pero seguros, el ahora Caudillo de la nueva España se puso a la tarea de concentrar poderes y convertirla en Una, Grande y Libre —eso decía él—, aunque entendidos los tres conceptos muy a su manera. A su peculiar estilo. Apoyado, naturalmente, por todos los portadores de botijo, oportunistas y sinvergüenzas que en estos casos, sin distinción de bandos o ideologías, suelen acudir en socorro del vencedor preguntando qué hay de lo mío. A tales alturas, la hipócrita política de no intervención de las democracias occidentales, que habían decidido lavarse las manos en la pajarraca hispana, beneficiaba al bando nacional más que a la República. De modo que, conduciendo sin prisas una guerra metódica cuya duración lo beneficiaba, remojado por el clero entusiasta en agua bendita, obedecido por los militares, acogotando a los requetés y falangistas que pretendían ir por libre y sustituyéndolos por chupacirios acojonados y sumisos, reuniendo en su mano todos los poderes imaginables, el astuto, taimado e impasible general Franco (ya nadie tenía huevos de llamarlo Franquito, como cuando era comandante del Tercio en Marruecos) se elevó a sí mismo a la máxima magistratura como dictador del nuevo Estado nacional. Con el jefe de la Falange, José Antonio, recién fusilado por los rojos —otro golpe de suerte—, los requetés carlistas bajo control y las tropas dirigidas por generales que le eran por completo leales (a los que no, los quitaba de en medio con mucha astucia), Franco puso en marcha, paralela a la acción militar, una implacable política de fasciomilitarización nacional basada en dos puntos clave: unidad de la patria amenazada por las hordas marxistas y defensa de la fé (entonces *fé* aún se escribía con acento) católica, apostólica y romana. Todas las reformas que con tanto esfuerzo y salivilla había logrado poner en marcha la República se fueron, por supuesto, al carajo. La represión fue durísima: palo y tentetieso. Hubo pena de muerte para cualquier clase de actividad huelguista u opositora, se ilegalizaron los partidos y se prohibió toda actividad sindical, dejando indefensos a obreros y campesinos. Las tierras ocupadas se devolvieron a los antiguos propietarios y las fábricas a manos de los patronos. En lo social y doméstico *se entregó de nuevo al clero católico* —son palabras del historiador Enrique Moradiellos— *el control de las costumbres civiles y de la vida educativa y cultural.* Casi todos los maestros —que eran unos cincuenta y dos mil antes de la guerra— fueron vigilados, expedientados, expulsados, encarcelados o fusilados. Volvieron a separarse niños y niñas en las escuelas, pues aquello se consideraba *un crimen ministerial contra las mujeres decentes,* se suprimió el divorcio anulándose los registrados —imaginen el desparrame familiar de semejante vuelta atrás—, las festividades católicas se hicieron oficiales y la censura eclesiástica empezó a controlarlo todo. Los niños alzaban el brazo en las escuelas; los futbolistas, toreros y el público, en estadios, plazas de toros y cines; y hasta los obispos lo hacían —ver esas fotos da vergüenza— al sacar al Caudillo bajo palio después de misa, mientras las cárceles se llenaban de presos, los piquetes de ejecución curraban a destajo y las mujeres, devueltas a su noble condición de compañeras sumisas, católicas esposas y madres, se veían privadas de todos los importantes progresos sociales y políticos que habían conseguido durante la República.

76. Berlín-Roma-Moscú

Llegados a este punto del disparate hispano en aquella matanza que iba a durar tres años, conviene señalar una importante diferencia entre republicanos y nacionales que explica muchas cosas, resultado final incluido. Mientras en el bando franquista, disciplinado militarmente y sometido a un mando único, todos los esfuerzos se coordinaban para ganar la guerra, la zona republicana era una descojonación política y social, un sindiós de insolidaridad y rivalidades donde cada cual iba a lo suyo, o lo intentaba. Al haberse pasado la mayor parte de los jefes y oficiales del Ejército a las filas de los sublevados, la defensa de la República había quedado en manos de unos pocos militares leales y de una variopinta combinación, pésimamente estructurada, de milicias, partidos y sindicatos. La contundente reacción armada popular, que había logrado parar los pies a los rebeldes en los núcleos urbanos más importantes como Madrid, Barcelona, Valencia y el País Vasco, había sido espontánea y descoordinada. Pero la guerra larga que estaba por delante requería acciones concertadas, mandos unificados, disciplina y fuerzas militares organizadas para combatir con éxito al enemigo profesional que tenían enfrente. Aquello, sin embargo, era una casa de locos. La autoridad real era inexistente, fragmentada en cientos de comités, consejos y organismos autónomos socialistas, anarquistas y comunistas que tenían ideas e intenciones diversas. Cada cual se constituía en poder local e iba a lo suyo, y esas divisiones y odios, que llegaban hasta la liquidación física y sin complejos de adversarios políticos —mientras unos luchaban en el frente, otros se puteaban y asesinaban en la retaguardia—, iban a lastrar el esfuerzo republicano durante toda la guerra, llevándolo a su triste final. *Rodeado de imbéciles, gobierne usted si puede*, escribiría Azaña en sus memorias. Lo que resume bien la cosa. Y a ese carajal de facciones, demagogia y desacuerdos, de políticos oportunistas, de fanáticos radicales y de analfabetos con pistola queriendo repartirse el pastel, vino a sumarse, como guinda, la intervención extranjera. Mientras la Alemania nazi y la Italia fascista apoyaban a los rebeldes con material de guerra, aviones y tropas, el comunismo internacional reclutó para España a los idealistas voluntarios de las Brigadas Internacionales (que iban a morir por millares como carne de cañón); y, lo que fue mucho más importante, la Unión

Soviética se encargó de suministrar a la República material bélico y asesores de élite, expertos políticos y militares cuya influencia en el desarrollo del conflicto sería enorme. A esas alturas, con cada cual barriendo para casa, el asunto se planteaba entre dos opciones que pronto se convirtieron en irreconciliables tensiones: ganar la guerra para mantener la legalidad republicana, o aprovecharla para hacer una verdadera revolución social a lo bestia, que las izquierdas más extremas seguían considerando fundamental y pendiente. Los anarquistas, sobre todo, reacios a cualquier forma de autoridad seria, fueron una constante fuente de indisciplina y de problemas durante toda la guerra (discutían las órdenes, se negaban a cumplirlas y abandonaban el frente para irse a visitar a la familia), derivando incluso aquello en enfrentamientos armados. Tampoco los socialistas extremos de Largo Caballero querían un ejército formal —*ejército de la contrarrevolución,* lo motejaba aquel nefasto idiota—, sino sólo milicias populares, como si éstas fueran capaces de hacer frente a unas tropas franquistas eficaces, bien mandadas y profesionales. Y así, mientras unos se partían la cara en los frentes de batalla, otros se la partían entre ellos en la retaguardia, peleándose por el poder, minando el esfuerzo de guerra y sometiendo a la República a una sucesión de sobresaltos armados y políticos que iban a dar como resultado sucesivos gobiernos inestables —Giral, Largo Caballero, Negrín— y que llevarían, inevitablemente, al desastre final. Por suerte para el bando republicano, la creciente influencia comunista, con su férrea disciplina y sus objetivos claros, era partidaria de ganar primero la guerra; lo que no impedía a los hombres de Moscú, tanto españoles como soviéticos, limpiar el paisaje de adversarios políticos a la menor ocasión, vía tiro en la nuca. Pero eso, en fin, permitió resistir con cierto éxito la presión militar de los nacionales, al vertebrarse de modo coherente, poco a poco y basándose en la magnífica experiencia pionera del famoso Quinto Regimiento —también encuadrado por comunistas—, el ejército popular de la República.

77. A SANGRE Y FUEGO

Los detalles militares y políticos de la Guerra Civil, aquellos tres largos y terribles años de trincheras, ofensivas y matadero, de implicación internacional, avance lento y sistemático de las tropas franquistas y descomposición del gobierno legítimo por sus propias divisiones internas, están explicados en numerosos libros de historia españoles y extranjeros. Eso me ahorra meterme en dibujos. Manuel Azaña, por ejemplo, resumió bastante bien el paisaje en sus memorias, cuando escribió aquello de *Reducir aquellas masas a la disciplina, hacerlas entrar en una organización militar del Estado, con mandos dependientes del gobierno, para sostener la guerra conforme a los planes de un estado mayor, constituyó el problema capital de la República.* Pese a ese desparrame en el que cada facción de la izquierda actuaba por su cuenta, y salvando parte de las dificultades a que se enfrentaba, la República logró poner en pie una estrategia defensiva —lo que no excluyó importantes ofensivas— que le permitió batirse el cobre y aguantar hasta la primavera de 1939. Pero, como dijo el mosquetero Porthos en la gruta de Locmaría, era demasiado peso. Había excesivas manos mojando en la salsa, y de nuevo Azaña nos proporciona el retrato al minuto del asunto, en términos que a ustedes les resultarán vagamente familiares por actuales: *No había una Justicia sino que cada cual se creía capacitado a tomarse la justicia por su mano. El gobierno no podía hacer absolutamente nada porque ni nuestras fronteras ni nuestros puertos estaban en sus manos; estaban en manos de particulares, de organismos locales, provinciales o comarcales; pero, desde luego, el gobierno no podía hacer sentir allí su autoridad.* A eso hay que añadir que, a diferencia de la zona nacional, donde todo se hacía *manu militari,* a leñazo limpio y bajo un mando único —la cárcel y el paredón obraban milagros—, en la zona republicana las expropiaciones y colectivizaciones, realizadas en el mayor desorden imaginable, quebraron el espinazo de la economía, con unos resultados catastróficos de escasez y hambre que no se daban en el otro bando. Y así, poco a poco, estrangulada tanto por mano del adversario militar como por mano propia, la República voceaba democracia y liberalismo mientras en las calles había enormes retratos de Lenin y Stalin; se predicaba la lucha común contra el fascismo mientras comunistas enviados por Moscú, trotskistas y anarquistas se mataban entre ellos; se hablaba de fraternidad y solidaridad mientras la Generalitat catalana iba por su cuenta y el gobierno vasco por la suya; y mientras los brigadistas internacionales, idealistas heroicos, luchaban y morían en los frentes de combate, Madrid, Barcelona, Valencia, o sea, la retaguardia, eran una verbena internacional de *intelectuales antifascistas,* entre ellos numerosos payasos que venían a hacerse fotos, a beber vino, a escuchar flamenco y a escribir poemas y libros sobre una tragedia que ni entendían ni ayudaban a ganar. Y la realidad era que la República se moría, o se suicidaba, mientras la implacable máquina militar del otro lado, con su sólido respaldo alemán e italiano, trituraba sin prisa y sin pausa lo que de ella iba quedando. A esas alturas, sólo los fanáticos (los menos), los imbéciles (algunos más), los oportunistas (abundantes), y sobre todo los que no se atrevían a decirlo en voz alta (la inmensa mayoría), dudaban de cómo iba a acabar aquello. Izquierdistas de buena fe, republicanos sinceros, gente que había defendido la República e incluso combatido por ella, se apartaban decepcionados o tomaban el camino del exilio prematuro. Entre éstos se encontraba nuestro más lúcido cronista de aquel tiempo, el periodista Manuel Chaves Nogales, cuyo prólogo del libro *A sangre y fuego* (1937) debería ser hoy de estudio obligatorio en todos los colegios españoles: *Idiotas y asesinos se han producido y actuado con idéntica profusión e intensidad en los dos bandos que se partieran España [...] En mi deserción pesaba tanto la sangre derramada por las cuadrillas de asesinos que ejercían el terror rojo en Madrid como la que vertían los aviones de Franco, asesinando mujeres y niños inocentes. Y tanto o más miedo tenía a la barbarie de los moros, los bandidos del Tercio y los asesinos de la Falange, que a la de los analfabetos anarquistas o comunistas [...] El resultado final de esta lucha no me preocupa demasiado. No me interesa gran cosa saber que el futuro dictador de España va a salir de un lado u otro de las trincheras [...] Habrá costado a España más de medio millón de muertos. Podía haber sido más barato.*

78. No la paz, sino la victoria

Y así, después de tres años de matanza y pesadilla, como decía el gran actor Agustín González en la película *Las bicicletas son para el verano* (inspirada en un texto teatral de Fernando Fernán Gómez), llegó *no la paz, sino la victoria.* Cautivo y desarmado el ejército rojo, según señalaba el parte final emitido por el cuartel general de Franco, las tropas nacionales alcanzaron sus últimos objetivos militares mientras los patéticos restos de la República se diluían trágicamente entre los cementerios, las cárceles y el exilio. Como hay fotos de todo, me ahorro descripciones tontas. Ustedes lo saben tan bien como yo: alrededor de cuatrocientos mil muertos en ambos lados —sin contar los causados por hambre y enfermedades— y medio millón de expatriados: carreteras llenas de infelices en fuga, críos ateridos y hambrientos que cruzaban la frontera con sus padres, ancianos desvalidos cubiertos por mantas, Antonio Machado viejo y enfermo, con su madre, camino de su triste final en el sur de Francia, allí donde a los fugitivos, maltratados y humillados, se los recluía en campos de concentración bajo la brutal vigilancia de soldados senegaleses. Para esas horas, los que no habían podido escapar o los que confiaban —infelices pardillos— en la promesa de que quienes no tuvieran las manos manchadas de sangre podían estar tranquilos, eran apresados, cribados, maltratados, internados o fusilados tras juicios sumarísimos en los que junto al piquete de ejecución (no era cuestión de que se perdieran sus almas, pues Dios aprieta pero no ahoga) nunca faltaba un sacerdote para los últimos auxilios espirituales. La consigna era limpieza total, extirpación absoluta de izquierdismos, sindicalismos, liberalismos, ateísmos, republicanismos y todo cuanto oliese, hasta de lejos, a democracia y libertad: palabras nefandas que, a juicio del Caudillo y sus partidarios —que ya se contaban por millones, naturalmente—, habían llevado a España al desastre. En las prisiones, trescientos mil presos políticos esperaban a que se decidiera su suerte, con muchas papeletas para que les tocara cárcel o paredón. Y mientras esos desgraciados pagaban el pato y otros se iban al exilio con lo puesto, los principales responsables del disparate y la derrota, políticos, familiares y no poca gentuza, incluidos conocidos asesinos que habían estado llevándose dinero al extranjero y montándose negocios en previsión de lo inevitable, se instalaron más o menos cómodamente por ahí afuera, a disfrutar del producto de sus chanchullos, robos y saqueos (lo de las cuentas en bancos foráneos no se ha inventado ahora). Muy pocos de los verdaderos culpables políticos o de los más conspicuos asesinos que habían enfangado y ensangrentado la República fueron apresados por los vencedores. Ésos eran los listos. Se habían largado ya, viéndolas venir. En su mayor parte, las tropas franquistas sólo cebaron cárceles y paredones con la morralla, la gente de segunda fila: los torpes, los desgraciados o los que tuvieron mala suerte y no espabilaron a tiempo. Y aun en el extranjero, incluso en el exilio, respaldados unos por sus amos de Moscú y otros por sus cuentas bancarias mientras decenas de miles de desgraciados se hacinaban en campos de concentración, los infames dirigentes que con su vileza, mala fe, insolidaridad y ambición habían aniquilado, con la República, las esperanzas de justicia y libertad, siguieron enfrentados entre sí, insultándose, calumniándose e incluso matándose a veces entre ellos, en oscuros ajustes de cuentas. Mientras que en España, como no podía ser de otra forma, la condición humana se manifestaba en su clásica e inevitable evidencia: curándose en salud, todo el mundo acudía a aplaudir al vencedor, las masas (que se descubrían de pronto a sí mismas derechistas de toda la vida) se precipitaban a las iglesias para oír misa, obtenían el carnet de Falange, levantaban el brazo en el cine, el fútbol y los toros, y, por poner un ejemplo que vale para cualquier otro sitio, las calles de Barcelona, que hoy frecuentan miles de fervorosos patriotas locales portando esteladas y señeras, se abarrotaron, con los padres y abuelos de esos mismos patriotas, y en mayor número que ahora, de banderas rojigualdas, brazos en alto, caras al sol y en España empieza a amanecer. Tecleen en Internet, si les apetece. Abran un par de libros o miren las fotos y revistas de entonces. *Catalunya con el Caudillo,* dice una de las pancartas, sobre una multitud inmensa. Eso valía para cualquier lugar de la geografía española, como sigue valiendo para cualquier lugar de la geografía universal. Y (gente sincera aparte, que siempre la hay) se llama supervivencia.

79. Una, grande y libre, pero no demasiado

Cuando un papa, Pío XII en este caso, llama a un país *nación elegida por Dios, baluarte inexpugnable de la fe católica,* está claro que quien gobierna ese país va a estar un rato largo gobernándolo. Nadie tuvo nunca un olfato más fino que el Vaticano, y más en aquel 1939, con la Segunda Guerra Mundial a punto de nieve. Lo de Franco y España estaba claro. El general que menos se había comprometido con el golpe a la República y que sin embargo acabó haciéndose con el poder absoluto, el frío militar que había dirigido con crueldad, sin complejos ni prisas, la metódica carnicería de la Guerra Civil, iba a durar un rato largo. Quien no viera eso estaba ciego. El franquismo victorioso no era un régimen militar, pues no gobernaban los militares, ni era un régimen fascista, pues tampoco gobernaban los fascistas. Era una dictadura personal y autoritaria, la de Francisco Franco Bahamonde: ese gallego cauto, inteligente, maniobrero, sin otros escrúpulos que su personalísima conciencia de ferviente católico, anticomunista y patriota radical. Todo lo demás, militares, Falange, carlismo, españoles en general, le importaba un carajo. Eran simples instrumentos para ejecutar la idea que él tenía de España. Y en esa idea, él era España. Así que, desde el primer momento, aquel astuto trilero manejó con una habilidad asombrosa los cubiletes y la borrega. Tras descabezar la Falange y el carlismo y convertirlos en títeres (a José Antonio lo habían fusilado los rojos, y a Fal

Conde, el jefe carlista, lo echó de España el propio Franco amenazando con hacerle lo mismo), el nuevo y único amo del cotarro utilizó la parafernalia fascista, en la que realmente no creyó nunca, para darle a su régimen un estilo que armonizara con el de los compadres que lo habían ayudado a ganar la guerra, y que en ese momento eran los chulos de Europa y parecían ser dueños del futuro: Hitler y Mussolini. De manera que, como lo que se estilaba en ese momento eran los desfiles, el brazo en alto y la viril concepción de la patria, de la guerra y de la vida, el Caudillo, también llamado Generalísimo por los oportunistas y pelotas que siempre están a mano en tales casos, se apuntó a ello con trompetas y tambores. Apoyado por la oligarquía terrateniente y financiera, a los carlistas los fue dejando de lado, pues ya no necesitaba carne de cañón para la guerra, y encomendó a la Falange —a los falangistas dóciles, que a esas alturas eran casi todos— el control público visible del asunto, el encuadramiento de la gente, la burocracia, la actividad sindical, la formación de la juventud del mañana y esa clase de cosas, en estrecho maridaje con la Iglesia católica, a la que correspondió, como premio por el agua bendita con que los representantes de Dios en la tierra habían rociado las banderas victoriosas, el control de la educación, la vida social, la moral y las buenas costumbres. Hasta los más íntimos detalles de la vida familiar o conyugal los controlaban los párrocos y sus obispos. Ni se te ocurra hacerle eso a tu marido, hija mía. Etcétera. Empezó así la primera etapa del franquismo (que luego, como todo oportunismo sin auténtica ideología, iría evolucionando al compás de la política internacional y de la vida), con un país arruinado por la guerra y acojonado por el bando vencedor, vigilado por una nueva e implacable policía, con las cárceles llenas para depurar responsabilidades políticas y los piquetes de fusilamiento currando a destajo; y afuera, en el exilio, lo mejor de la intelectualidad española había tenido que tomar las de Villadiego para escapar de la cárcel o el paredón mientras en sus cátedras se instalaban ahora, ajustando cuentas, los intelectuales afines al régimen. *Somos más papistas que el papa,* proclamó sin cortarse el rector de la Universidad de Valencia. Y así, en tales manos, España se convirtió en un páramo de luto y tristeza, empobrecida, enferma, miserable, dócil, asustada y gris, teniendo como único alivio los toros, el fútbol y la radio —otra herramienta fundamental en la consolidación del asunto—. La gente se moría de hambre y de tuberculosis mientras los cargos del régimen, los burócratas y los sinvergüenzas hacían negocios. Todo eran cartillas de racionamiento, censura, papeleo, retórica patriotera con añoranzas imperiales, mercado negro, miedo, humillación y miseria moral. Una triste España de cuartel, oficina y sacristía. Un mundo en blanco y negro. Como afirmó cínicamente el embajador, brillante escritor e intelectual derechista Agustín de Foxá, nada sospechoso de oponerse al régimen: *Vivimos en una dictadura dulcificada por la corrupción.*

80. Derrotados, pero no vencidos

Las cosas como son: Franco era un fulano con suerte. Frío y astuto como la madre que lo parió, pero con la fortuna —la *baraka,* decía él, veterano militar africanista— sentada en el hombro como el loro del pirata. Cuando se lió el pifostio contra la República, los que prácticamente mandaban en Europa eran de su cuerda, así que lo apoyaron como buenos compadres y lo ayudaron a ganar. Y cuando éstos al fin fueron derrotados en la Segunda Guerra Mundial, resultó que las potencias occidentales vencedoras —con Estados Unidos a la cabeza—, que ya le veían las orejas al lobo Stalin y a la amenazante Rusia soviética que se había zampado media Europa, necesitaban a elementos como Franco para asentarse bien en el continente, establecer bases militares, anudar lazos anticomunistas y cosas así. De modo que le perdonaron al dictador su dictadura, o la miraron de otra manera, olvidando los viejos pecadillos, las amistades siniestras y los grandes cementerios bajo la luna. Por eso los republicanos exiliados, o algunos de ellos, los que no se resignaban y seguían queriendo pelear, o sea, los que esperaban que tras la victoria contra nazis y fascistas le llegara el turno a Franco, se quedaron con las ganas. *¿En quién me vengo yo ahora?*, como decía *La venganza de don Mendo* —a cuyo autor, Muñoz Seca, por cierto, habían fusilado ellos—. Pensaban esos ingenuos que al acabar la guerra mundial volverían a España respaldados por los vencedores, pero de eso no hubo nada. Y no fue porque no hubieran hecho méritos. Buena parte de aquellos republicanos que habían cruzado los Pirineos con el Tercio y los moros de Franco pisándoles los talones, un puño en alto y llevando apretado en él un poco de tierra española, masticando el sabor amargo del exilio y la miseria, eran gente derrotada pero no vencida. Por eso en 1940, cuando se probó una vez más que las carreteras de Francia están cubiertas de árboles para que los alemanes puedan invadirla a la sombra, y el ejército gabacho y su línea Maginot y sus generales de opereta se fueron a tomar por saco —en una de las más vergonzosas derrotas de la Historia—, los sucios y piojosos republicanos españoles, a quienes los franceses habían humillado y recluido en campos de concentración, se plantearon el asunto en términos simples: los alemanes por un lado y la España franquista por otro, dicho en corto, compañeros, que estamos jodidos y no hay adónde ir. Así que, por lo menos, vendamos caro el pellejo. De manera que, de perdidos al río, centenares de esos veteranos con tres años de experiencia bélica en el currículum, hombres y mujeres duros como el pedernal, cogieron las armas que el ejército franchute había tirado en la fuga y empezaron a pegarles tiros a los alemanes, echándose al monte y convirtiéndose en instructores, primero, y en núcleo importante, luego, de esa Resistencia francesa, tanto la urbana como la del maquis rural, de la que tanto presumieron luego los de allí. Y no hay mejor prueba que darnos una vuelta por los pueblos y lugares del país vecino, donde con estremecedora frecuencia es posible encontrar monumentos conmemorativos con la frase: *A los combatientes españoles muertos por Francia.* Y vaya si combatieron. Unos, capturados por los nazis y rechazados por la España franquista, acabaron en campos de exterminio. Otros murieron luchando o asistieron a la liberación. El recorrido de bastantes de ellos —es muy recomendable la lectura de *La Nueve,* de Evelyn Mesquida— fue de epopeya; como el caso de los que, enrolados algunos en la Legión Extranjera francesa y fugitivos otros del norte de África, acabaron integrados en las fuerzas francesas libres del general De Gaulle, y desde África central viajaron a Inglaterra, y de allí a Normandía; y luego, con la División Leclerc, liberaron París y combatieron y murieron en suelo alemán, llegando los supervivientes hasta el cuartel general del Führer (tuve el honor de estar cinco años sentado en la Real Academia Española junto a uno de ellos, Claudio Guillén Cahen, hijo del poeta Jorge Guillén). Y todavía lo remueve a uno por dentro y le empaña los ojos ver en las fotos y los viejos documentales de la liberación de París, cuando pasan los carros blindados aliados por las calles, aplaudidos y besados por franceses y francesas, a un montón de fulanos bajitos, morenos y sonrientes, despechugados de uniforme y siempre con un pitillo a medio fumar en la boca, y leer con asombro los nombres que esos tipos indestructibles pintaron sobre el acero para bautizar sus tanques: *Guernica, Guadalajara, Brunete, Don Quijote* o *España Cañí.*

81. Españoles en Rusia

Durante la Segunda Guerra Mundial no sólo hubo compatriotas nuestros en los campos de exterminio, en la Resistencia francesa o en las tropas aliadas que combatieron en Europa occidental. La diáspora republicana había sido enorme, y también el frente del Este, donde se enfrentaban la Alemania nazi y la Unión Soviética, oyó blasfemar, rezar, discutir o entonar una copla en español. Como escribió Pons Prades, muchos de aquellos hombres y mujeres que habían cruzado los Pirineos *con el pelo enmarañado, desaliñados, malolientes, con barba de pordioseros, el uniforme salpicado de sangre y plomo y el mirar de visionarios,* no se sentían vencidos. Porque hay gente que no se rinde nunca, o no se acuerda de hacerlo. Su origen y destino fue diverso: de entre los niños enviados a la Unión Soviética durante la Guerra Civil, de los marinos republicanos exiliados, de los jóvenes pilotos enviados para formarse en Moscú, de los comunistas resueltos a no dejar las armas, salieron numerosos combatientes que se enfrentaron a la Wehrmacht encuadrados en el ejército ruso, como guerrilleros tras las líneas enemigas o como pilotos de caza. Uno de éstos, José Pascual Santamaría, conocido por *Popeye,* ganó la orden de Lenin a título póstumo combatiendo sobre Stalingrado. Y cuando el periódico *Zashitnik Otechevsta* titulaba *Derrotemos al enemigo como los pilotos del capitán Alexander Guerasimov,* pocos sabían que ese heroico capitán Guerasimov se llamaba en realidad Alfonso Martín García, y entre sus camaradas era conocido por *El Madrileño*. O que una unidad de zapadores minadores integrada por españoles, bajo el mando del teniente Manuel Alberdi, combatió desde Moscú hasta Berlín, dándose el gusto de rebautizar calles berlinesas escribiendo encima, con tiza, los nombres de sus camaradas muertos. En cuanto a lucha de guerrillas, la relación de españoles implicados sería interminable, haciendo de nuevo verdad aquel viejo y sombrío dicho: *No hay combatiente más peligroso que un español acorralado y con un arma en las manos.* Centenares de irreductibles republicanos exiliados lucharon y murieron así, en combate o ejecutados por los nazis, tras las líneas enemigas a lo largo de todo el frente ruso, y también en Checoslovaquia, Polonia, Yugoslavia y otros lugares de los Balcanes. El balance oficial lo dice todo: dos héroes de la Unión Soviética, dos órdenes de Lenin, setenta Banderas y Estrellas Rojas (una de ellas a una mujer: María Pardina, nacida en Cuatro Caminos), otras seiscientas cincuenta condecoraciones diversas ganadas en Moscú, Leningrado, Stalingrado y Berlín, y centenares de tumbas anónimas. Y en Rusia se dio, también, una de esas amargas paradojas propias de nuestra historia y nuestra permanente guerra civil; porque en el frente de Leningrado volvieron a luchar españoles contra españoles. De una parte estaban los encuadrados en las guerrillas y el ejército soviético; y de la otra, los combatientes de la División Azul: la unidad de voluntarios españoles que Franco había enviado a Rusia como parte de sus compromisos con la Alemania de Hitler. En ella, conviene señalarlo, había de todo: un núcleo duro falangista y militares de carrera, pero también voluntarios de diversa procedencia, desde jóvenes con ganas de aventura a gente desempleada y hambrienta, ansiosa de comer caliente, o sospechosos al régimen que así podían ponerse a salvo o aliviar la suerte de algún familiar preso o comprometido. Y el caso es que, aunque la causa que defendían era infame, también ellos pelearon en Rusia con una dureza y un valor extremos, en un infierno de frío, nieve y hielo, en el frente del Voljov, en la hazaña casi suicida del lago Ilmen (los doscientos veintiocho españoles de la Compañía de Esquiadores combatieron a cincuenta grados bajo cero, y al terminar sólo quedaban doce hombres en pie), en el frente de Leningrado o en Krasny Bor, donde todo el frente alemán se hundió menos el sector donde, durante el día más largo de sus vidas y muertes, cinco mil españoles pelearon como fieras, a la desesperada, aguantando el ataque masivo de cuarenta y cuatro mil soldados soviéticos y cien carros de combate, con el resultado de una compañía aniquilada, varias diezmadas y otras pidiendo fuego artillero propio sobre sus posiciones, por estar inundadas de rusos con los que peleaban cuerpo a cuerpo. Obteniendo, en fin, del propio Hitler este comentario: *Extraordinariamente duros para las privaciones, pero ferozmente indisciplinados.* Y confirmando así unos y otros, rojos y azules, otra vez en nuestra triste historia, aquel viejo dicho medieval que parece nuestra eterna maldición nacional: *Qué buen vasallo que fuera si tuviese buen señor.*

82. Más solos que la una

Durante la Segunda Guerra Mundial, España se había mantenido al margen; en parte porque estábamos exhaustos tras nuestra propia guerra, y en parte porque los amigos naturales del general Franco, Alemania e Italia, no le concedieron las exigencias territoriales y de otro tipo que solicitaba para meterse en faena. Aun así, la División Azul enviada al frente ruso y las exportaciones de wolframio a los nazis permitieron al Caudillo salvar la cara con sus compadres, justo el tiempo que tardó en ponerse fea la cosa para ellos. Porque la verdad es que el carnicero gallego era muchas cosas, pero también era listo de concurso. A ver si no, de qué iba a estar cuarenta años con la sartén por el mango y morir luego en la cama. El caso es que a partir de ahí, y gracias a que la Unión Soviética de Stalin mostraba ya al mundo su cara más siniestra, Franco fue poquito a poco arrimándose a los vencedores en plan baluarte de Occidente. Y la verdad es que eso lo ayudó a sobrevivir en la inmediata postguerra. En esa primera etapa, el régimen vencedor hizo frente a varios problemas, algunos de los cuales solucionó con el viejo sistema de cárcel, paredón y fosa común, y otros se le solucionaron solos, o poco a poco. El principal fue el absoluto aislamiento exterior y el intento de derribar la dictadura por parte de la oposición exiliada. Ahí hubo un detalle espectacular, o que podía haberlo sido de salir bien, que fue la entrada desde Francia de unidades guerrilleras —en su mayor parte comunistas— llamadas maquis, integradas en buena parte por republicanos que habían luchado contra los nazis y pensaban, los pobres ingenuos, que ahora les llegaba el turno a los de aquí. Esa gente volvió a España con dos cojones, decidida a levantar al pueblo; pero se encontró con que el pueblo estaba hasta arriba de problemas, y además bien cogido por el pescuezo, y lo que quería era sobrevivir, y le daba igual que fuese con una dictadura, con una dictablanda o con un gobierno del payaso Fofó. Así que la heroica aventura de los maquis terminó como terminan todas las aventuras heroicas en España: un puñado de tipos acosados como perros por los montes, liquidados uno a uno por las contrapartidas de la Guardia Civil y el Ejército, mientras los responsables políticos que estaban en el exterior se mantenían a salvo, incluidos los que vivían como reyes en Rusia o en Francia, lavándose las manos y dejándolos tirados como colillas. De todas formas, sobre la URSS y los ruskis conviene recordar, en este país de tan mala memoria, que si bien hubo muchos españoles que lucharon junto a los rusos contra el nazismo y fueron héroes de la Unión Soviética, otros no tuvieron esa suerte, o como queramos llamarla. Muchos marinos españoles, niños republicanos evacuados, alumnos pilotos de aviación, que al fin de nuestra guerra quedaron allí y pidieron regresar a España o salir del paraíso del proletariado, fueron cruelmente perseguidos, encarcelados, ejecutados o deportados a Siberia por orden de aquel hijo de puta que se llamó José Stalin; y que —las cosas como son, y más a estas alturas— hizo matar a más gente en la Unión Soviética y la Europa del Este que los nazis durante su brillante ejecutoria. Que ya es matar. Y en esas ejecuciones, en esa eliminación de españoles que no marcaban el paso soviético, lo ayudaron con entusiasmo cómplice los sumisos dirigentes comunistas españoles (Santiago Carrillo, Pasionaria, Modesto, Líster) que allí se habían acogido tras la derrota, y que ya desde la Guerra Civil eran expertos en luchas por el poder, succiones de bisectriz y supervivencia, incluida la liquidación de compatriotas disidentes. Dándose la triste paradoja de que esos españoles de origen republicano represaliados por Stalin se encontraron con los prisioneros de la División Azul en el mismo horror de los gulags de Siberia. Y para más recochineo, los que sobrevivieron de unos y otros fueron repatriados juntos en los mismos barcos, en los años cincuenta, tras la muerte de Stalin, a una España donde, para esas fechas, la dictadura franquista empezaba a superar el aislamiento inicial y la horrible crisis económica, el hambre, la pobreza y la miseria —la tuberculosis se convirtió en enfermedad nacional— que siguieron a la Guerra Civil. En esos años tristes estuvimos más solos que la una, entregados a nuestros magros recursos y con las orejas gachas, sin otra ayuda exterior que la que prestaron, y eso no hay que olvidarlo nunca, Portugal y

Argentina. Para el resto del mundo fuimos unos apestados. Y el franquismo, claro, aprovechó todo eso para cerrar filas y consolidarse.

83. Los nuevos amos

Visto en general, y en eso suelen coincidir los historiadores, el franquismo tuvo tres etapas: dura, media y blanda. Algo así como el queso curado, semicurado y de Burgos, más o menos. Conviene repetir aquí, para entendernos mejor, que aquel largo *statu quo postquam* —o como se diga— de cuatro décadas no fue, pese a las apariencias, un gobierno militar ni una dictadura de ideología fascista; entre otras cosas porque Franco no tuvo otra ideología que perpetuarse en un gobierno personal y autoritario, anticomunista y católico a machamartillo; y al servicio de todo eso, o sea, de él mismo, puso a España marcando el paso. Naturalmente, el hábil gallego nunca habría podido sostenerse de no gozar de amplias y fuertes complicidades. De una parte estaban las clases dominantes de toda la vida: grandes terratenientes, alta burguesía industrial y financiera (incluidas las familias que siempre cortaron el bacalao en el País Vasco y Cataluña), que veían en el nuevo régimen una garantía para conservar lo que años de turbulencia política y sindical, de república y de guerra, les habían arrebatado o puesto en peligro. A eso había que añadir una casta militar y funcionarial surgida de la victoria, a la que estar en el bando vencedor hizo dueña de los resortes sociales intermedios y aseguró la vida. Paralela a esta última surgió otra clase más turbia, o más bien emergió de nuevo, siempre la misma (esa podredumbre eterna, tan vinculada a la puerca condición humana, que nunca desaparece pues se limita a transformarse, adaptándose hábilmente a cada momento). Me refiero a los sinvergüenzas capaces de medrar en cualquier circunstancia, con rojos, blancos o azules, aprovechándose del dolor, la desgracia o la miseria de sus semejantes: una nutrida plaga de especuladores, explotadores y gentuza sin escrúpulos a la que nadie liquida nunca, porque suele ser ella quien está detrás, inextinguible, comprando favores y señalando entre la gente honrada a quién encarcelar o fusilar. Y al final de todo, en la parte más baja de la pirámide, sosteniendo sobre sus hombros a grandes empresarios y financieros, funcionarios con poder, estraperlistas y militares, estaba la gran masa de los españoles, vencedores o vencidos, destrozados por tres años de barbarie y matanza, ansiosos todos ellos por vivir y olvidar (pocas ideas de libertad sobreviven a la necesidad de comer caliente), pagando con la sumisión y el miedo el precio de la derrota, los vencidos, y con el olvido y el silencio los que se habían batido el cobre en el bando de los vencedores. Devueltos estos últimos, sin beneficio ninguno, a sus sueldos de miseria, a sus talleres y fábricas, a la azada de campesino o el cayado de pastor; mientras quienes no habían visto una trinchera ni un máuser ni de lejos se paseaban ahora entre Pasapoga y Chicote, fumándose un puro, llevando del brazo a la señora —o a la amante— con abrigo de visón. Todo ese tinglado, claro, se apoyaba en un sistema que el Caudillo, para entonces ya también Generalísimo, situó desde el principio y con muy hábil cálculo sobre tres pilares fundamentales: un Ejército fiel y privilegiado tras la guerra, una estructura de Estado confiada a la Falange como partido único, y un control social encomendado a la Iglesia católica. El Ejército, encargado de borrar mediante consejos de guerra todo liberalismo, republicanismo, socialismo, anarquismo o comunismo, *apenas hubiera podido resistir una agresión exterior en toda regla, pero cumplió hasta el final con el co-*

metido de mantener el orden interno, como apunta el historiador Fernando Hernández Sánchez. En cuanto a la Falange, purgada con mano implacable de elementos díscolos —que fueron perseguidos, represaliados y encarcelados—, era a esas alturas una organización dócil y fiel a los principios del Movimiento, léase a la persona del Generalísimo, que en las monedas se acuñaba *Caudillo de España por la gracia de Dios.* Así que a sus dirigentes y capitostes, a cambio de prebendas que iban desde cargos oficiales hasta chollos menores pero seguros —un estanco o un puesto de lotería—, se encomendó el control y funcionamiento de la Administración. Con lo que todo español tuvo que sacarse, le gustara o no, un carnet de Falange si quería trabajar, comer y vivir. Y también, naturalmente, además de saberse el *Cara al sol* de carrerilla, debía demostrar en público que era sincero practicante de la religión católica, única verdadera, tercer pilar donde Franco apoyaba su negocio. Pero de la Iglesia hablaremos con más desahogo en el siguiente episodio de esta siempre —casi siempre— lamentable historia de España, la de los tristes destinos.

84. Un pecado es un delito

Nacionalcatolicismo, es la palabra. Lo que define el ambiente. La piedra angular de Pedro fue el otro pilar, Ejército y Falange aparte, sobre el que Franco edificó el negocio. La Iglesia católica había pagado un precio muy alto durante la República y la Guerra Civil, con iglesias incendiadas y centenares de sacerdotes y religiosos vilmente asesinados sin otro motivo que serlo; y su apoyo (excepto el de algunos curas vascos o catalanes que fueron reprimidos, encarcelados y hasta fusilados discretamente, en algunos casos) había sido decisivo en lo que el bando nacional llamó cruzada antimarxista. Así que era momento de compensar las cosas, confiando a la única y verdadera religión la labor de pastorear a las descarriadas ovejas. Se abolieron el divorcio y el matrimonio civil, se penalizó duramente el aborto y se ordenó la estricta separación por sexos en las escuelas. Sociedad, moral, costumbres, espectáculos, educación escolar, todo fue puesto bajo el ojo vigilante del clero, que en los primeros tiempos incluía a los obispos saludando al Caudillo, brazo en alto, a la puerta de las iglesias. Hubo, justo es reconocerlo, prelados y sacerdotes que no tragaron del todo; pero la tendencia general fue de sumisión y aplauso al régimen a cambio de control escolar y social, privilegios ciudadanos, apoyo a los seminarios —el hambre y el ambiente suscitaron numerosas vocaciones—, misiones evangelizadoras, sostén económico y exenciones tributarias. Que no era grano de anís, y en la práctica un sacerdote mandaba más que un general (como dice mi compadre Eslava Galán, *ser cura era la hostia*). Además, las organizaciones católicas seglares, tipo Acción Católica, Hijos de María y cosas así, constituían un cauce conveniente para que se desarrollara, bajo el debido control eclesiástico y político, una cierta participación en asuntos públicos; o sea, una especie de válvula de escape para quienes no podían expresar sus inquietudes sociales mediante la actividad política o sindical tradicionales, abolidas desde el fin de la guerra. El resultado de todo ese rociamiento general con agua bendita fue que la Iglesia católica se envalentonó hasta extremos inauditos: duras pastorales contra los bailes agarrados, que eran invento del demonio, contra los trajes de baño y contra todo aquello que pudiera albergar o despertar pecaminosas intenciones. La obsesión por la vestimenta se tornó enfermiza, la censura se volvió omnipresente, lo del cine para mayores con reparos ya fue de traca, y los textos eclesiásticos de la época, con sus recomendaciones y prohibiciones morales, conforman todavía hoy una grotesca literatura donde la estupidez, el fanatismo y la perversión de mentes enfermas de hipocresía y vileza llegó a extremos nunca vistos desde hacía siglos: *El baile atenta contra la Patria, que no puede ser grande y fuerte con una generación afeminada y corrompida,* afirmaba, por ejemplo, el obispo de Ibiza; mientras el arzobispo de Sevilla remataba la faena calificando lo de agarrarse con música como *tortura de confesores y feria predilecta de Satanás.* Naturalmente, la gran culpable de todo era la mujer, engendro del demonio, y a mantenerla en el camino de la castidad y la decencia, apartándola del tumulto de la vida para convertirla en esposa y madre ejemplar, se orientaron los esfuerzos de la Iglesia y el régimen que la amparaba. Era necesario, según el Fuero del Trabajo, *liberar a la mujer casada del taller y de la fábrica.* Ella, la mujer, era el eje incontestable de la familia cristiana; así que, para devolverla al hogar del que nunca debía haber salido, se anularon las leyes de emancipación de la República, destruyendo todos los derechos civiles, políticos y laborales que la habían liberado de la sumisión al hombre. La independencia de la mujer, su derecho sobre el propio cuerpo, el aborto, la sexualidad en cualquiera de sus manifestaciones, se convirtieron en pecado. Y el pecado se convirtió en delito, literalmente, vía Código Penal. Había multas y encarcelamientos por *conductas morales inadecuadas;* y a eso hay que añadir, claro, la infame naturaleza de la condición humana, siempre dispuesta a señalar con el dedo, marginar y denunciar —esos piadosos vecinos de entonces, de ahora y de siempre— a las mujeres marcadas por el oprobio y el escándalo (las que, para entendernos, no se ponían el hiyab de entonces, metafóricamente hablando). Por no mencionar, claro, la sexualidad alternativa o diferente. Nunca, desde hacía dos o tres siglos, se había perseguido a los homosexuales como se hizo durante aquellos tiempos oscuros del primer franquismo, y aún duró un buen rato. Nunca la palabra *maricón* se había pronunciado con tanto desprecio y con tanta saña.

85. A Franco le lavan la cara

Ya hemos dicho alguna vez que Franco era un fulano con suerte, y su favorable estrella siguió dándole buenos ratos para echar pan a los patos. Había de fondo un vago aroma de restauración monárquica, reservada para algún día en el futuro, pero sin prisa y descartando a don Juan de Borbón, hijo del derrocado Alfonso XIII, a quien Franco no quería ver ni en pintura. España es una monarquía, vale, decía el fulano. Pero ya diré yo, Caudillo alias Generalísimo, cuándo estará preparada para volver a serlo de manera oficial. Así que, de momento, vamos a ir educando a su hijo Juanito para cuando crezca. Mientras tanto podéis sentaros, que va para largo. Lo de la suerte se puso de manifiesto hacia 1950, once años después de la victoria franquista, cuando la Guerra Fría puso a punto de caramelo la confrontación Occidente-Unión Soviética. Tras los duros tiempos de la primera etapa, en los que el régimen se vio sometido a un férreo aislamiento internacional, Estados Unidos y sus amigos del planeta azul ya veían a España como un aliado anticomunista de extraordinario valor estratégico. Así que menudearon los mimos, las visitas oficiales, la ayuda económica, las bases militares, el turismo y las películas rodadas aquí. Y Franco, que era astuto que te rilas, vio el agujero por donde colarse. Los restaurantes de Madrid, Barcelona y Sevilla se llenaron de actores de Hollywood, y Ava Gardner se lió con el torero Luis Miguel Dominguín —el padre de Miguel Bosé—, convirtiéndolo en el hombre más envidiado por la población masculina de España. Para rematar la faena, la foto de Franco con Eisenhower —el general vencedor del ejército nazi y ahora presidente estadounidense— paseando en coche por la Gran Vía marcó un antes y un después. España dejó de ser una apestada internacional, ingresó en las Naciones Unidas y pelillos a la mar. Nada de eso cambiaba las líneas generales del régimen, por supuesto. Pero ya no se fusilaba, o se fusilaba menos. O se daba garrote. Pero sólo a los que el régimen calificaba de malos malísimos. El resto iba tirando, a base de sumisión y prudencia. Hubo indulto parcial, salió mucha gente de las cárceles y se permitió la vuelta de los exiliados que no tenían ruina pendiente; entre ellos, intelectuales de campanillas como Marañón y Ortega y Gasset, que habían tomado, por si acaso, las de Villadiego. Fue lo que se llamó *la apertura,* que resultó más bien tímida pero contribuyó a normalizar las cosas dentro de lo que cabe. España seguía siendo un país sobre todo agrario, así que se empezó a industrializar el paisaje, con poco éxito al principio. Hubo una emigración masiva, tristísima, del medio rural a las ciudades industriales y al extranjero. Los toquecitos liberales no eran suficientes, y el turismo, tampoco. Aquello no pitaba. Por lo cual, Franco, que era muchas cosas pero no gilipollas, fue desplazando de las carteras ministeriales a los viejos dinosaurios falangistas y espadones de la Guerra Civil —apoyado en esto por su mano derecha, el almirante Carrero Blanco— y confiándolas a una generación más joven formada en Economía y Derecho. Ésos fueron los llamados tecnócratas (varios de ellos eran del Opus Dei, pues la Iglesia siempre puso los huevos en variados cestos), y ellos dieron el pistoletazo de salida que hizo posible, con errores y corruptelas intrínsecas, pero posible al fin y al cabo, el desarrollo evidente en el que España entró al fin en los años sesenta, con las clases medias urbanas y los obreros industriales convertidos en grupos sociales mayoritarios. Ya se empezaba a respirar. Sin embargo, ese desarrollo, indiscutible en lo económico, no fue parejo en lo cultural ni en lo político. Por una parte, la férrea censura aplastaba la inteligencia y encumbraba, salvo pocas y notables excepciones, a mediocres paniaguados del régimen. Por la otra, la derrota republicana y la huida de los más destacados intelectuales, científicos, escritores y artistas, algunos de los cuales no regresarían nunca, enriqueció a los países de acogida —México, Argentina, Francia, Puerto Rico—, pero empobreció a España, causando un daño irreparable del que todavía hoy sufrimos las consecuencias. En cuanto a la política, los movimientos sociales, la emigración y el crecimiento industrial empezaron a despertar de nuevo la contestación adormecida, volviendo a manifestarse, tímidamente al principio, la conflictividad social. La radio y el fútbol ya no bastaban para tener a la gente entretenida y tranquila. Empezó la rebeldía estudiantil en las universidades, y se produjeron las primeras huelgas industriales desde el final de la Guerra Civil. La respuesta del régimen fue enrocarse en más policía y más represión. Pero estaba claro que los tiempos cambiaban. Y que Franco no iba a ser eterno.

86. La guerra silenciada

Hubo entre 1957 y 1958, a medio franquismo en todo lo suyo, una guerra que el gobierno procuró —y consiguió— ocultar cuanto pudo a los españoles, al menos en sus más trágicas y sangrientas consecuencias. Se trató de una guerra de verdad, africana y colonial, en la tradición de las grandes tragedias que periódicamente habían ensangrentado nuestra historia, y en la que el abono de la factura, como de costumbre, corrió a cargo de nuestros infelices reclutas, eterna carne de cañón víctima de la imprevisión y la chapuza. La cosa provino de la independencia de Marruecos en 1956, tras la que el rey Mohamed V —abuelo del actual monarca— reclamó la posesión de los territorios situados al suroeste del nuevo país, Ifni y Sáhara Occidental, que llevaban un siglo bajo soberanía española. La guerra, llevada al estilo clásico de las tradicionales sublevaciones nativas, pero esta vez con intervención directa de las bien armadas y flamantes tropas marroquíes (nuestro armamento serio era todo norteamericano, y Estados Unidos prohibió a España usarlo en este conflicto), arrancó con una sublevación general, el corte de comunicaciones con las pequeñas guarniciones militares españolas y el asedio de la ciudad de Ifni. La ciudad, defendida por cuatro banderas de la Legión, resistió como una roca; pero la verdadera tragedia tuvo lugar más hacia el interior, donde, en un terreno irregular y difícil, los pequeños puestos dispersos de soldados españoles fueron abandonados o se perdieron con sus defensores. Y algunos puntos principales, como Tiliuin, Telata, Tagragra o Tenin, donde había tanto militares como población civil, quedaron rodeados y a punto de caer en manos de los marroquíes. Y si al fin no cayeron fue porque los tiradores y policías indígenas que permanecieron leales, los soldaditos y sus oficiales —las cosas como son— se defendieron con desesperada tenacidad; entre otras cosas porque se acordaban de Annual, y caer vivos en manos del enemigo y que les rebanaran el pescuezo, entre otros rebanamientos, no les apetecía mucho. Así que, como de costumbre entre españoles acorralados, qué remedio (la desesperación siempre saca lo mejor de nosotros, detalle histórico curioso), los cercados vendieron caro su pellejo. Tagragra y Tenin fueron al fin socorridas tras penosas y sangrientas marchas a pie, pues apenas había vehículos ni medios, ni apoyo aéreo. Sólo voluntad y huevos. Sobre Tiliuin, echándole una cantidad enorme de eso mismo al asunto, saltaron setenta y cinco paracaidistas de la II Bandera, que también quedaron cercados dentro pero permitieron aguantar, dando tiempo a que una columna legionaria rompiera el cerco y los evacuara a todos, incluidos los tiradores indígenas, que allí se habían mantenido leales, con sus familias. El socorro a Telata, sin embargo, derivó en tragedia cuando la sección paracaidista del teniente Ortiz de Zárate, avanzando lentamente entre emboscadas y por un terreno infame, se desangró hasta que una compañía de Tiradores de Ifni los socorrió, entró en Telata y permitió evacuar a todo el mundo hacia zona segura. Pero el mayor desastre ocurrió más hacia el sur, en el Sáhara Occidental, también sublevado, cuando en un lugar llamado Edchera (estuve hace años, y les juro que hay sitios más confortables para que lo escabechen a uno) dos compañías de la Legión fueron emboscadas, librándose un combate de extrema ferocidad —cuarenta y dos españoles muertos y cincuenta y siete heridos— en el que los legionarios se batieron con la dureza de siempre, con grandes pérdidas suyas y del enemigo; siendo buena prueba de lo que fue aquel trágico desparrame el hecho de que dos legionarios, Fadrique y Maderal, recibieran a título póstumo la Laureada de San Fernando (la más alta condecoración militar española para los que se distinguen en combate, que nadie más ha recibido desde entonces). Pero, en fin. También como de costumbre en nuestra larga y desagradable historia bélica, todo aquel sufrimiento, aquel heroísmo y aquella sangre vertida no sirvieron de gran cosa. Por un lado, buena parte de España se enteró a medias, o de casi nada, pues el férreo control de la prensa por parte del gobierno convirtió aquella tragedia en un goteo de pequeños incidentes de policía a los que de continuo se restaba importancia. Por otro, en abril de 1958 se entregó a Marruecos Cabo Juby, en 1969 se entregó Ifni, y el Sáhara Occidental aún se mantuvo a trancas y barrancas hasta 1975, con la Marcha Verde y la espantada española del territorio. Excepto Ceuta, Melilla y los peñones de la costa marroquí —situados en otro orden jurídico internacional—, para España en África se ponía el sol. Y la verdad es que ya era hora.

87. Aires de libertad

Mientras llegamos a la última etapa de la dictadura franquista, se impone una reflexión retrospectiva y útil: unos afirman que Francisco Franco fue providencial para España, y otros afirman que fue lo peor que pudo pasar. En mi opinión, Franco fue una desgracia; pero también creo que en la España emputecida, violenta e infame de 1936-39 no había ninguna posibilidad de que surgiera una democracia real; y que si hubiera ganado el otro bando —o los más fuertes y disciplinados del otro bando—, probablemente el resultado habría sido también una dictadura, pero comunista o de izquierdas y con idéntica intención de exterminar al adversario y eliminar la democracia liberal, que de hecho estaba contra las cuerdas a tales alturas del desparrame. Para eso, aparte los testimonios de primera mano —mi padre y mi tío Lorenzo lucharon por la República, este último en varias de las batallas más duras, siendo herido de bala en combate— me acojo menos a un historiador profranquista como Stanley Payne *(En la España de 1936 no había ninguna posibilidad de que surgiera una democracia utópica)* que a un testigo directo honrado, inteligente y de izquierdas como Chaves Nogales *(El futuro dictador de España va a salir de un lado u otro de las trincheras)*. Y es que, a la hora de enjuiciar esa parte de nuestro siglo xx, conviene arrimarse a todas las fuentes posibles, libros y testimonios directos; no para ser equidistantes, pues cada uno está donde cree que debe estar, sino para ser ecuánimes a la hora de documentarse y debatir, en lugar de reducirlo todo a etiquetas baratas manejadas por golfos, populistas, simples y analfabetos. Que no siempre son sinónimos, pero a veces sí. Y es en ese plano, en mi opinión, donde debe situarse la aproximación intelectual, no visceral, a las tres etapas del franquismo, del que ya hemos referido las dos primeras —represión criminal sistemática y tímidos comienzos de apertura—, para entrar ahora en la tercera y última. Me refiero a la etapa final, caracterizada por un cambio inevitable en el que actuaron muchos y complejos factores. Llegando ya los años setenta, el régimen franquista no había podido sustraerse, aunque muy en contra de su voluntad, a una evolución natural hacia formas más civilizadas; y a eso había que añadir algunas leyes y disposiciones importantes. La Ley de Sucesión ya establecía que el futuro de España sería un retorno a la monarquía como forma de gobierno (a Franco y su gente, pero también a otros españoles que eran honrados, la palabra *república* les daba urticaria), y para eso se procedió a educar desde niño a Juan Carlos de Borbón, nieto del exiliado Alfonso XIII, a fin de que bajo la cobertura monárquica diera continuidad y normalidad internacional homologable al régimen franquista. Aparte los esfuerzos de desarrollo industrial, logrados a medias y no en todas partes, hubo otras dos leyes cuya importancia debe ser subrayada, pues tendrían un peso notable en el nivel cultural y la calidad de vida de los españoles: la Ley General de Educación de 1970, que —aunque imperfecta, sesgada y miserablemente tardía— amplió la escolarización obligatoria hasta los catorce años, y la Ley de Bases de la Seguridad Social de 1963, que no nos puso por completo donde lo exigía una sociedad moderna, pero garantizó asistencia médica, hospitales y pensiones de jubilación a los españoles, dando pie a una cobertura social, estupenda con el tiempo, de la que todavía nos beneficiamos hoy (y que los irresponsables y trincones gobiernos de las últimas décadas, sin distinción de color ni autonomía, hacen todo lo posible por cargarse). Por lo demás, el crecimiento económico y los avatares de esta etapa final —turismo, industria, vivienda, televisión, Seat 600, corrupción, emigración— se vieron muy alterados por la crisis del petróleo de 1973, fecha en la que el aparato franquista estaba ya dividido en dos: de una parte los continuistas duros (el *Búnker*), y de la otra los partidarios de democratizar algo el régimen y salvar los muebles. Con un mundo agitado por vientos de libertad, cuando las colonias extranjeras ganaban su independencia y caían las dictaduras de Portugal y Grecia, España no podía quedar al margen. La oposición política tomó fuerza, tanto dentro como en el exilio; en el interior se intensificaron las huelgas obreras y estudiantiles, los nacionalismos volvieron a levantar la cabeza, y el régimen —en manos todavía del Búnker— aumentó la represión, creó el Tribunal de Orden Público y la Brigada Político-Social, y se esforzó en machacar a quienes exigían democracia y libertad. Y así, aunque dando aún bestiales coletazos, la España de Franco se acercaba a su fin.

88. EL FRANQUISMO, EN VÍA MUERTA

Los últimos años de la dictadura franquista fueron duros en varios aspectos, entre otras cosas porque, represión política aparte, tuvieron de fondo una crisis económica causada por la guerra árabe-israelí de 1973 y la subida de los precios del petróleo, que nos dejó a todos tiesos como la mojama. Por otro lado, las tensiones radicalizaban posturas. Había contestación social, una oposición interior y exterior que ya no podía conformarse con la mezquina apertura que se iba ofreciendo, y un aparato franquista que se negaba a evolucionar hacia fórmulas ni siquiera razonables. Los separatismos vasco y catalán, secular fuente de conflicto hispano, volvían a levantar cabeza tras haber sido implacablemente machacados por el régimen, aunque cada uno a su manera. Con más habilidad táctica en ese momento, los catalanes —la histórica ERC y sobre todo la nueva CDC de Jordi Pujol— lo planteaban con realismo político, conscientes de lo posible y lo imposible en tales circunstancias; mientras que, en el País Vasco, el independentista aunque prudente y conservador PNV se vio rebasado a la izquierda por ETA: el movimiento radical vasco que, alentado por cierto estólido sector de la Iglesia local (esa nostalgia del carlismo, nunca extinguida entre curas norteños y trabucaires), había empezado a asesinar a policías y guardias civiles desde mediados de los sesenta, y poquito a poco, sin complejos, le iba cogiendo el gusto al tiro en la nuca. Aunque ETA no era la única que mataba. De las nuevas organizaciones de extrema izquierda, donde se situaban los jóvenes estudiantes y obreros más politizados, algunas, como el FRAP y el GRAPO, derivaron también hacia el terrorismo con secuestros, extorsiones y asesinatos, haciendo entre unas y otras subir la clásica espiral acción-represión. En cuanto a las más pacíficas formaciones de izquierda clásica, PCE —que había librado casi en solitario la verdadera lucha antifranquista— y PSOE —irrelevante hasta el Congreso de Suresnes—, habían pasado de actuar desde el extranjero a consolidarse con fuerza en el interior, aún clandestinos pero ya pujantes; en especial los comunistas, que, bajo la dirección del veterano Santiago Carrillo (astuto superviviente de la Guerra Civil, de todos los ajustes de cuentas internos y de todas las purgas estalinianas), mostraban un rostro más civilizado al adaptarse a la tendencia de moda entre los comunistas europeos, el eurocomunismo, consistente en romper lazos con Moscú, renunciar a la revolución violenta y aceptar moverse en el juego democrático convencional. Todo ese espectro político, por supuesto, era por completo ilegal, como lo era también la UMD, una unión militar democrática creada por casi un centenar de oficiales del Ejército que miraban de reojo la Revolución de los Claveles portuguesa, aunque en España los *úmedos* —así los llamaban— fueron muy reprimidos y no llegaron a cuajar. Había también un grupito de partidos minoritarios moderados, con mucha variedad ideológica, que iban desde lo liberal a la democracia cristiana, liderados por fulanos de cierto prestigio: en su mayor parte gente del régimen lista para cambiar de chaqueta, consciente de que el negocio se acababa y era necesario situarse ante lo que venía; o sea, convertirse en demócratas de toda la vida. Incluso la Iglesia católica, siempre atenta al curso práctico de la vida, ponía una vela al pasado y otra al futuro a través de obispos progres que le cantaban incómodas verdades al régimen. Y todos ellos, o sea, ese conjunto variado que iba desde asesinos sin escrúpulos hasta tímidos aperturistas, desde oportunistas reciclados hasta auténticos luchadores por la libertad, constituía ya, a principios de los años setenta, un formidable frente que no estaba coordinado entre sí, pero dejaba claro que el franquismo se iba al carajo. Sin embargo, los más duros supervivientes del viejo sistema, en vez de asumir lo evidente, se enrocaban en más represión y violencia. Para el correoso Búnker, cada paso liberalizador era una traición a la patria. Los universitarios corrían ante los grises, se ejecutaban sentencias de muerte, y grupos terroristas de extrema derecha —Guerrilleros de Cristo Rey y otros animales—, actuando impunes bajo el paraguas del Ejército y la policía, se encargaban de una violenta represión paramilitar con palizas y asesinatos. Pero Franco, ya abuelo total, estaba para echarlo a los tigres, y la presión de los ultras reclamaba una mano dura que conservara su estilo. De manera que en 1973, conservando para sí la jefatura del Estado, el decrépito Caudillo puso el gobierno en manos de su hombre de confianza, el almirante Carrero Blanco, niño bonito de las fuerzas ultras. Pero a Carrero ETA le puso una bomba. Pumba. Angelitos al cielo. Y el franquismo se encontró agonizante, descompuesto y sin novia.

89. Se apaga la lucecita de El Pardo

Todo se acaba en la vida, y al franquismo acabó por salirle el número. Asesinado el almirante Carrero Blanco, que era la garantía de continuidad del régimen, con Franco enfermo, octogenario y camino de Triana, y con las fuerzas democráticas cada vez más organizadas y presionando, la cosa parecía clara. El franquismo estaba rumbo al desguace, pero no liquidado, pues aún se defendía con cierta soltura. Don Juan Carlos de Borbón, por entonces todavía un apuesto jovenzuelo, había sido designado sucesor a título de rey, y el Búnker y los militares lo vigilaban de cerca. Sin embargo, como vimos en el anterior capítulo, los más sagaces las veían venir. Por usar un lenguaje taurino, había división de opiniones. Entre los veteranos y paniaguados del régimen, no pocos andaban queriendo situarse de cara al futuro pero manteniendo los privilegios del pasado. Avispados franquistas y falangistas, viendo de pronto la luz, renegaban sin complejos de su propia biografía, mientras otros se atrincheraban en una resistencia numantina a cualquier cambio. La represión policial se intensificó, junto con el cierre de revistas y la actuación de la más burda censura. 1975 fue un *annus horribilis*: violencia, miedo y oprobio. La crisis del Sáhara Occidental (que acabó siendo abandonado de mala y muy vergonzosa manera) aún complicó más las cosas: terrorismo por un lado, presión democrática por otro, reacción conservadora, brutalidad ultraderechista, militares nerviosos y amenazantes, rumores de golpe de Estado, ejecución de cinco antifranquistas. El panorama estaba revuelto de narices, y el tinglado de la antigua farsa ya no aguantaba ni harto de sopas. Subió por fin el Caudillo a los cielos, o a donde le tocara ir. Sus funerales, sin embargo, demostraron algo que hoy se pretende olvidar: muchos miles de españoles desfilaron ante la capilla ardiente o siguieron por la tele los funerales con lágrimas en los ojos, que no siempre eran de felicidad. Demostrando con eso que si Franco permaneció cuatro décadas bajo palio no fue sólo por tener un ejército en propiedad y cebar cementerios, sino porque un sector de la sociedad española, aunque cambiante con los años, compartió todos o parte de sus puntos de vista. Y es que en la España de hoy, tan desmemoriada para esa como para otras cosas, cuando miramos atrás resulta —hay que joderse— que todo el mundo había sido heroicamente antifranquista; aunque, con cuarenta años de régimen entre pecho y espalda y el dictador muerto en la cama, no salen las cuentas (como dijo aquel fulano a la locomotora de tren que soltó vapor al llegar a la estación de Atocha: *Esos humos, en Despeñaperros*). El caso, volviendo a 1975, es que una vez que se apagó la lucecita de El Pardo, Juan Carlos fue proclamado rey jurando mantener intacto el chiringuito, y ahí fue donde al franquismo más rancio le fallaron los cálculos, porque —afortunadamente para España— el chico salió un poquito perjuro. Había sido bien educado, con preceptores que eran gente formada e inteligente, y que aún se mantenían cerca de él. A esas excelentes influencias se debieron los buenos consejos. Había que elegir entre perpetuar el franquismo —tarea imposible— con un absurdo barniz de modernidad cosmética que ya no podía engañar a nadie, o asumir la realidad. Y ésta era que las fuerzas democráticas apretaban fuerte en todos los terrenos y que los españoles pedían libertad a gritos. Aquello ya no se controlaba al viejo estilo de cárcel y paredón. La oposición moderada exigía reformas; y la izquierda, que coordinaba esfuerzos de modo organizado y más o menos eficaz, exigía ruptura. Ignoro, en verdad, lo inteligente que podía ser don Juan Carlos; pero sus consejeros no tenían un pelo de tontos. Era gente con visión y talla política. En su opinión, en un país con secular tradición de casa de putas como España, especializado en destrozarse a sí mismo y con todas las ambiciones políticas de nuevo a punto de nieve, sólo la monarquía juancarlista tenía autoridad y legitimidad suficientes para dirigir un proceso de democratización que no liara otro desparrame nacional. Y entonces se embarcaron, entre 1976 y 1978, en una aventura fantástica, caso único entre todas las transiciones de regímenes totalitarios a demócratas en la Historia. Nunca antes se había hecho. De ese modo, aquel rey todavía inseguro y aquellos consejeros inteligentes obraron el milagro de reformar, desde dentro, lo que parecía irreformable. Iba a ser, nada menos, el suicidio de un régimen y el nacimiento de la libertad. Y el mundo asistió, asombrado, a sucesos que de nuevo hicieron admirable a España.

90. Al fin, España

Y así llegamos, señoras y caballeros, a la mayor hazaña ciudadana y patriótica llevada a cabo por los españoles en su larga, violenta y triste historia. Un acontecimiento que —alguna vez tenía que ser— suscitó la admiración de las democracias y nos puso en una posición de dignidad y prestigio internacional nunca vista antes (dignidad y prestigio que hoy llevamos un par de décadas demoliendo con imbécil irresponsabilidad). La cosa milagrosa, que se llamó Transición, fue un auténtico encaje de bolillos, y por primera vez en la historia de Europa se hizo el cambio pacífico de una dictadura a una democracia. De las leyes franquistas a las leyes del pueblo, sin violencia. *De la ley a la ley*, en afortunada expresión de Torcuato Fernández-Miranda, uno de los principales consejeros del rey Juan Carlos que timonearon el asunto. Por primera y —lamentablemente— última vez, la memoria histórica se utilizó no para enfrentar, sino para unir sin olvidar. Precisamente esa ausencia de olvido, la útil certeza de que todos habían tenido Paracuellos o Badajoz en el currículum, aunque la ilegalidad de los vencedores hubiese matado más y durante mucho más tiempo que la legalidad de los vencidos, impuso la urgencia de no volver a repetir errores, arrogancias e infamias. Y así, España, sus políticos y sus ciudadanos se embarcaron en un ejercicio de ingeniería democrática. De ruptura mediante reforma. Eso fue posible, naturalmente, por el sentido de Estado de las diferentes fuerzas, que supieron crear un espacio común de debate y negociación que a todos beneficiaba. Adolfo Suárez, un joven, brillante y ambicioso elemento —era de Ávila— que había vestido camisa azul y provenía del Movimiento, fue el encargado de organizar aquello. Y lo hizo de maravilla, repartiendo tabaco, palmadas en la espalda y mirando a los ojos al personal (fue un grande entre los grandes, a medio camino entre nobleza de espíritu y trilero de Lavapiés, y además, guapo). Respaldado por el rey, auxiliado por la oposición —socialistas, comunistas y otros partidos—, apoyado por la confianza e ilusión de una opinión pública consciente de lo delicado del momento, Suárez lo consiguió con cintura e inteligencia, sometiendo al Búnker, que aún mostraba peligrosamente los dientes, y encajando también, además de la asesina reticencia de la ultraderecha, los zarpazos del imbécil, analfabeto y criminal terrorismo vasco; que parecía, incluso, más interesado en destrozar el proceso que los propios franquistas. Fue legalizado así el Partido Socialista, y al poco tiempo también el Partido Comunista, ya en pleno e irreversible proceso hacia la libertad. Un proceso complejo, aquél, cuyas etapas se fueron sucediendo: Ley para la Reforma Política, aprobada por las Cortes en 1976 y respaldada por referéndum nacional, y primeras elecciones democráticas en 1977 —¡España votaba de nuevo!—, que filtraron la sopa de letras de los nuevos y viejos partidos y establecieron las fuerzas principales: Unión de Centro Democrático, o sea, derecha de la que luego saldría Alianza Popular (165 escaños, a 11 de la mayoría absoluta), PSOE (118 escaños) y Partido Comunista (20 escaños). El resto se agrupó en formaciones más pequeñas o partidos nacionalistas. Todo esto, naturalmente, hacía rechinar los dientes a la derecha extrema y a los generales franquistas, que no vacilaban en llamar a Juan Carlos rey perjuro y a Suárez traidor fusilable. Y ahí de nuevo, los cojones —las cosas por su nombre— y el talento negociador de Adolfo Suárez, respaldado por la buena voluntad de los líderes socialista y comunista, Felipe González y Santiago Carrillo, mantuvieron a raya a los militares, los cuarteles bajo un control razonable y los tanques en sus garajes, o en donde se guarden los tanques, superando los siniestros obstáculos que el terrorismo de extrema derecha (matanza de Atocha y otras barbaries), el de extrema izquierda (GRAPO) y la cerril brutalidad nacionalista (ETA) planteaban a cada paso. Y de ese modo, con la libertad cogida con alfileres pero con voluntad de consolidarla, abordamos los españoles el siguiente paso: dotarnos de una Constitución que regulase nuestros derechos y deberes, que reconociese la realidad de España y que estableciera un marco de convivencia que evitase repetir errores y tragedias del pasado. Y a esa tarea, redactar la que sería la Carta Magna de 1978, se dedicaron los hombres —las mujeres iban apareciendo ya, pero aún las dejaban al extremo de la foto— mejores y más brillantes de todas las fuerzas políticas de entonces. Con sus intereses y ambiciones, claro; pero también con una generosidad y un sentido común nunca vistos en nuestra historia.

91. SE SIENTEN, COÑO

Fue, paradójicamente, un golpe de Estado, o el intento de darlo, lo que acabó por consolidar y hacer adulta la recién recobrada democracia española. El 23 de febrero de 1981, el teniente coronel de la Guardia Civil Antonio Tejero, respaldado por el capitán general de Valencia, general Milans del Bosch, y una trama de militares y civiles nostálgicos del franquismo, asaltó el Congreso y mantuvo secuestrados a los diputados durante una tensa jornada, reviviendo la vieja y siniestra tradición española de pronunciamiento, cuartelazo y tentetieso, tan cara a los espadones decimonónicos (nunca la lectura de *El ruedo ibérico* de Valle-Inclán y los *Episodios nacionales* de Galdós fue tan recomendable como en los tiempos que corren, para entender aquello y entendernos hoy). Entraron Tejero y sus guardias en las Cortes, gritaron aquellos animales *¡Todos al suelo!* y *¡Se sienten, coño!*, y España contuvo el aliento, viéndose otra vez en las zozobras de siempre. Con todos los diputados en el suelo, en efecto, acojonados y agazapados como conejos —no siempre Iberia parió leones— excepto el dirigente comunista Santiago Carrillo (lo iban a fusilar seguro, y se fumó un pitillo sin molestarse en agachar la cabeza), el presidente Adolfo Suárez y el teniente general Gutiérrez Mellado, que le echaron

241

unos huevos enormes enfrentándose a los golpistas (Tejero cometió la vileza de querer zancadillear al viejo general, sin conseguirlo), todo estuvo en el alero hasta que el rey Juan Carlos, sus asesores y los altos mandos del Ejército detuvieron el golpe, manteniendo la disciplina militar. Pero no fueron ellos solos, porque millones de ciudadanos se movilizaron en toda España, y los periódicos, primero *El País,* luego *Diario 16* y al fin el resto, hicieron ediciones especiales llamando a la gente a defender la democracia. Ahí fue donde la peña estuvo magnífica (o estuvimos, porque los de mi quinta ya estábamos), a la altura de la España que deseaba tener. Y se curró su libertad. Eso quedó claro cuando, una vez que Suárez hubo dimitido (sus compadres políticos no le perdonaron el éxito, ni que fuera chulo, ni que fuera guapo, y algunos ni siquiera le perdonaban la democracia) y gobernando Leopoldo Calvo-Sotelo, en España se instaló la plena normalidad democrática, se aprobaron los estatutos de autonomía y entraron nuestras fuerzas armadas en la OTAN, decisión que tuvo una doble ventaja: nos alineaba con las democracias occidentales y obligaba a los militares españoles a modernizarse, conocer mundo y olvidar la caspa golpista y cuartelera. En cuanto a las comunidades, la Constitución de 1978, consensuada por todas —subrayo el *todas*— las fuerzas políticas y redactada por notables personalidades de *todos* los registros, había definido la España del futuro con nacionalidades y regiones autónomas, a punto de caramelo para diecisiete autonomías de las más avanzadas de Europa, en lo que uno de nuestros más ilustres historiadores vivos —quizá el que más—, Juan Pablo Fusi, define como *un Estado social y democrático de derecho, una democracia plena y avanzada.* Antes de salir de escena, y a fin de desactivar una vieja fuente de conflicto que siempre amenazó la estabilidad de España, Adolfo Suárez había logrado unos acuerdos especiales para Cataluña que restablecían la Generalidad, abolida tras la Guerra Civil, haciendo regresar triunfal del exilio a su presidente, Josep Tarradellas. Pero en el País Vasco las cosas no fueron tan fáciles, debido por una parte a la violencia descerebrada y criminal de ETA, y por otra al extremismo sabiniano de un individuo en mi opinión siniestro llamado Xabier Arzalluz, que llevó al PNV a posiciones de cobarde y miserable oportunismo político (recordemos su cínico *unos mueven el árbol y otros recogemos las nueces* mientras ETA mataba a derecha e izquierda). Aun así, pese a que el terrorismo vasco iba a ser una llaga constante en el costado de la joven democracia española, ésta resistió con valor y entereza sus infames zarpazos. Y en las elecciones de octubre de 1982 se logró lo que desde 1939 parecía imposible: el Partido Socialista ganó las elecciones, y lo hizo con 10 millones de votos —Alianza Popular obtuvo 5,4—. El PSOE, con Felipe González y Alfonso Guerra a la cabeza, gobernó España. Y durante su largo mandato, pese a todos los errores y problemas, que los hubo, con la traumática reconversión industrial, terrorismo y crisis diversas, los españoles encontramos, de nuevo, nuestra dignidad y nuestro papel en el mundo. En 1986 entrábamos en la Comunidad Económica Europea, y el progreso y la modernidad llegaron para quedarse. Alfonso Guerra lo había clavado: *A España no la va a reconocer ni la madre que la parió.*

... Y así fue, y así es todavía.

92. Epílogo triste, o no

Entre el 5 de mayo de 2013 y el 28 de agosto de 2017, alternando con otros asuntos, conté en mi página de *XL Semanal,* suplemento que aparece cada domingo con veintidós periódicos españoles, esta visión muy personal de la historia de España que ahora se publica en forma de libro sin apenas otras correcciones que las tipográficas. En ningún momento, como es fácil deducir de su lectura, pretendí suplantar a los historiadores profesionales; ni siquiera a los historiadores a secas. Sin embargo, en algún momento de esos cuatro años, un par de ellos, gente de poca cintura y a menudo con planteamientos sectarios de rojos y azules, de blancos y negros, de buenos y malos, bobos más o menos ilustrados en busca de etiquetas, de los que confunden ecuanimidad con equidistancia, se ofendieron por mi supuesto intrusismo; pero su irritación me fue siempre indiferente. En cuanto a los lectores, si durante ese tiempo logré despertar la curiosidad de algunos y dirigirla hacia libros de historia específicos y serios donde informarse de verdad, me di siempre por más que satisfecho. No era éste el objetivo principal, aunque me alegro. En mi caso se trataba, únicamente, de divertirme, releer y disfrutar; de un pretexto para mirar atrás desde los tiempos remotos hasta el presente, reflexionar un poco sobre ello y contarlo por escrito de una manera personal, amena y poco ortodoxa con la que, como digo, pasé muy buenos ratos oyendo graznar a los patos, pues cada uno de estos artículos alcanzó amplia difusión en las redes sociales. En esos noventa y un episodios paseé por nuestra historia, la de los españoles, la mía, una mirada propia, subjetiva, hecha de lecturas, de experiencia, de sentido común dentro de lo posible. A fin de cuentas, una larga vida de libros y viajes que te conforman la mirada no transcurre en balde, y hasta el más torpe puede extraer de todo ello conclusiones nutritivas. Y esa mirada, la misma con que escribo novelas y artículos, no la elegí yo, sino que es resultado de todas esas cosas: la visión, ácida más a menudo que dulce, de quien, como dice un personaje de una de mis novelas, sabe que ser lúcido en España aparejó siempre mucha amargura, mucha soledad y mucha desesperanza. Nadie que conozca nuestro pasado puede hacerse ilusiones; o al menos yo no me las hago. Creo que los españoles estamos infectados de una enfermedad histórica, peligrosa, quizá mortal, cuyo origen tal vez haya aflorado a lo largo de todos estos artículos: siglos de guerra, violencia y opresión bajo reyes incapaces, ministros corruptos y obispos fanáticos, la guerra civil contra el moro, la Inquisición y su infame sistema de delación y sospecha, la insolidaridad, la envidia como indiscutible pecado nacional, la atroz falta de cultura que nos ha puesto siempre —y nos sigue poniendo— en manos de predicadores y charlatanes de todo signo, nos hicieron como somos; entre otras cosas, uno de los pocos países del llamado Occidente que se avergüenzan de su gloria y se complacen en su miseria, que insultan sus gestas históricas, que maltratan y olvidan a sus grandes hombres y mujeres, que borran el testimonio de lo digno y sólo conservan, como arma arrojadiza contra el vecino, la memoria del agravio y ese cainismo suicida que salta a la cara como un escupitajo al pasar cada página de nuestro pasado (la mayor parte de nuestros jóvenes ignoran, porque se lo hemos borrado de la memoria, que los españoles ya nos odiábamos antes de Franco). Y estremece, desde luego, tanta falta de respeto a nosotros mismos. Frente a eso, los libros, la educación escolar, la cultura como acicate noble de la memoria, serían el único antídoto. La única esperanza. Pero temo que esa batalla esté perdida desde hace tiempo. En el capítulo anterior detuve mi repaso histórico con la victoria socialista de 1982, en la España ilusionada de entonces, entre otras cosas porque desde esa fecha hasta hoy los lectores tienen ya una memoria viva y directa. Pero también, debo confesarlo, porque me daba pereza repetir el viejo ciclo: contar por enésima vez cómo de nuevo, tras conseguir empresas dignas y abrir puertas al futuro, los españoles volvemos a demoler lo conseguido, tristemente fieles a nosotros mismos, con nuestro habitual entusiasmo suicida, con la osadía de nuestra ignorancia, con nuestra irresponsable y arrogante frivolidad, con nuestra cómoda indiferencia, en el mejor de los casos. Y sobre todo, con esa estúpida, contumaz, analfabeta, criminal vileza, tan española, que no quiere al adversario vencido ni convencido, sino exterminado. Borrado de la memoria. Lean los libros que cuentan o explican nuestro pasado: no hay nadie que se suicide históricamente con tan estremecedora naturalidad como un español con un arma en la mano o una opinión en la lengua. Creo —y seguramente me equivoco, pero es lo que de verdad creo— que España como nación, como país, como conjunto histórico de naciones y pueblos, o como queramos llamarlo, ha perdido el control de la educación escolar y la cultura. Y creo que esa pérdida es irreparable, pues sin ellas somos incapaces de asentar un futuro. De enseñar a nuestros hijos, con honradez y sin complejos, lo que los españoles fuimos, lo que somos y lo que, en este lugar apasionante y formidable pese a todo, podríamos ser si nos lo propusiéramos.

Madrid, España. Marzo de 2019

Índice

Este libro se terminó
de imprimir en Móstoles, Madrid,
en el mes de noviembre de 2019

Descubre tu próxima lectura

Si quieres formar parte de nuestra comunidad,
regístrate en **libros.megustaleer.club**
y recibirás recomendaciones personalizadas

Penguin
Random House
Grupo Editorial

 megustaleer